マンガで やさしくわかる レジリエンス

resilience

日本能率協会マネジメントセンター

はじめに

「レジリエンス」という言葉を知っていますか?

レジリエンスは、ストレスが多い現代社会において、「精神的な回復力」を表す言葉として使われています。

海外では、企業や学校でレジリエンスを高める教育が行われています。国内でもNHK「クローズアップ現代」などで取り上げられ、メンタルヘルスの一次予防として、さらには失敗を恐れずに挑戦する心理的な力として注目されています。

本書では、この「レジリエンス」を高める基礎をわかりやすく伝えます。

具体的に言うと、それは、自分の心を強くする技術です。

たくましくタフな心とは、筋肉質な心です。ただし、それは、ガチガチに固まった頑固な心ではなく、しなやかで適応力のある心です。それには、ストレスへの耐性、人から嫌なことを言われても傷つかない弾性、問題に臨機応変に対応できる柔軟性があります。

さらには、気持ちが落ち込み続けることがなく、すぐに立ち直ることができます。つまり、「心の筋肉」を強化することで、再起力がつくのです。失敗を恐れることなくチャレンジし、最後まで諦めないで、粘り強くやり抜く忍耐力もレジリエンスの高い心の特徴となります。

レジリエンスは、仕事や人生での成功の「土台」となるもの。もしかしたら、ビジネスパーソンにとってＩＱや学歴、スキル、経験以上に重要なものかもしれません。長い仕事人生の途中で、心が折れてしまっては、キャリアを全うすることができないからです。

ストレス過多で変化の多い時代、体の健康だけでなく、心の健康を維持できる人がイキイキと働くことができます。そして、しぶとい人だけが成功するのです。

私がレジリエンスを知るきっかけとなったのは、仕事で逆境に直面したことでした。

予期せぬトラブルに巻き込まれ、もがき苦しみながら、問題を解決するために必死に働きました。しかし、なかなか前に進むことができず、希望をもつことができませんでした。上司や周りの期待に応えられず、ひとりで悶々と悩み、心が折れそうになっていたのです。

「このままではまずい」と切迫感をもった私は、本来の自分を取り戻すための解決策を必死に探しました。そこで出会ったのがレジリエンスです。


レジリエンスは、私たちの内面に元々ある心理的資源です。新しいものを一から身につけるのは大変ですが、元々もっている力を引き出すことは誰にでもできます。

私自身、脆弱になったレジリエンスを取り戻し、結果として自分が変化しました。逆境を糧として、自己成長することができたのです。

すぐに気づいた違いは、仕事の効率が倍以上になったことです。それまで、いかに多くの時間をぐずぐず心配し、悩んで無駄に費やしていたかを思い知りました。

また、失敗に対する許容力がついたことも変化のひとつです。たとえ失敗しても、すぐに立ち直れる自信がつきました。

「ムリだ」と思えることにも挑戦し、諦めることなく、本当にやりたいことができるようになりました。

心を強くすることは、下向きで後ろ向きな自分を前向きに変えるだけではありません。

その先には、仕事の充実や幸せな人生が待っているのです。

本書を手に取っていただいた皆さんに感謝申し上げます。

本書が、皆さんにとって、仕事や人生の機会で一歩踏み出し、チャンスを勝ち取るきっかけとなれば幸いです。

２０１５年10月

久世　浩司

マンガでやさしくわかるレジリエンス　目次

Prologue

レジリエンスとは

Part 1

ネガティブ感情をコントロールする

Part 3

社会的支援を得る

Part 4

自信を立て直す

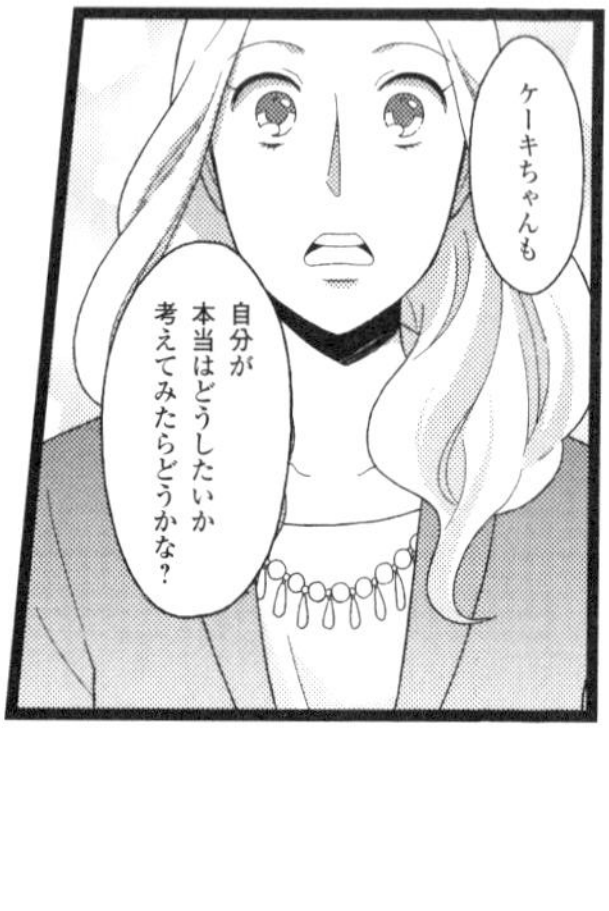
ケーキちゃんも
自分が本当はどうしたいか考えてみたらどうかな？

Part 5

自分の「強み」を仕事に活かす

小麦粉

Prologue

レジリエンスとは

Story 0
どうしてうまくいかないの!?
私は須藤玲紗《すとうれいさ》(27)
広告代理店に転職したばかりで毎日がバタバタ
須藤さん!
はーい!
この企画書言ったとおりになってないわよ
私はこの方がいいと…
ギロッ
それは私が決めます
とにかく言われたとおりにやって頂戴
上司
斉藤幸子(38)
はい…
須藤さーんちょっとお願い!
あっはい!
ばんっ
こっちが先!

これじゃ終わらないよ…もー仕事多すぎ!
ブツブツ…
イラ イラ
あっ
？
どこいった？
あっ
チャラララ♪
？
はら
差出人
ケーキバイキング
○月○日
次の休みに
行かない？
あっ♡やったー!!
…っと絶対行くよ!
ヒラ
ヒラ
○日の打ち合わせ
ディレクターへ
日時変更の
今日中に!

休日──
某ホテル
ずら〜っ
ぱくっ
おいし〜♡
あんた…よくそんなに入るわね
これが私のストレス解消法だからね！
そうそう新しい会社どう？
それがねー上司がほんっと細かくてー
こっちがアイデア出してもスルーするし…
がや
がや
あーもー食べよ食べよっ！
次はどれにしようかな〜っ

数日後――
会社
どういうことなんだ!?
ドキッ
びくっ
連絡ミスでディレクターが来られないって!?
話にならないよ!
大変申し訳ありません!

とんだ無駄足だ！
こっちは忙しい中スケジュールをやりくりして来たんだよ⁉
このような対応をされたのでは今後御社とはいい仕事ができるとは考えられませんね
申し訳ありません…
えっ…
ほかの案件も含めてすべての契約打ち切りも考えています
そんな…！

私のせいでどうしよう…
カタカタカタカタ
ぎゅっ
ここでもだめだった
ぐっ
…もうムリかも……
ダッ
!!
ガタッ
すいませーん!

ちょっと君！なんなんだ！
長谷川くん！
長谷川くんじゃないか！
!?
いや、久しぶりだね！アメリカ以来かな？元気だったか？
おかげさまで！中岡さんもお元気そうで！
外まで声が響いていたからすぐわかりましたよ
はっはっは
ぽか――ん…

部長…
こちらは…？
あっ
自己紹介が遅れて
すいません
本プロジェクトの
ディレクターを
勤めさせていただきます
長谷川といいます
長谷川剛(29)
長谷川 剛
えっ

そうか、君がディレクターか！
はい！遅れてしまってすみません
構わん構わん！
良かった
また中岡さんと仕事ができるなんて嬉しいです！
パチッ
トラブルを知った長谷川さんが機転を利かせて急きょ担当を替わってくれたそうです
ふー

ブロロロ
とにかく！連絡はちゃんとして！
今回は長谷川さんのおかげで助かったけど本来なら大変なことになっていたのよ！
はい すみません…
まあまあ…ケーキちゃんも反省しているみたいだし…
ケーキちゃん？
あら知り合いだったの？
ケーキちゃんは大学の後輩なんです
ね？

えっ、私、知らな…
でも、「ケーキちゃん」は私の学生時代のアダ名…
…ちゃん ケーキちゃん
ねー ケーキちゃん
講義サボって遊びに行こうよー
ダメです
えー
単位とれなくなりますよ
単位なんてラクショーだよー
あ、あ、長谷川さんって長谷川先輩!?
うん そうだよ?
う、うそ…！だってまるで別人じゃない…！
ガーン

須藤さん 須藤さん
ふー
長谷川さんと知り合いなの？
大学の先輩なの
いいなぁ！今、社内の女性に大人気なんだよ！
えっ そうなの？
そう！ニューヨーク支社で大きなプロジェクトをいくつも成功させて
この春最年少でディレクターになったのよ！
素敵よね～♡
ステキ…？
そ…そうかな…？

なぜ今、「レジリエンス」が必要か

01

ストレスで心が疲労する

広告代理店に転職したばかりの物語の主人公・玲紗は、新しい職場でストレスの多い毎日を送っていました。

程度の差はあれ、同じように自分に無理をして働く人は多いのではないでしょうか？

「この仕事は、自分には量が多すぎる。締切に間に合わない」

「上司の前で弱いところを見せるわけにはいかない」

「最近、うまくいかないことが多い。疲れた……」

このような心の悲鳴に耳をふさいでがんばりすぎると、心に疲労が溜まります。

厚生労働省の調査によると、就業者の約6割が職場で何らかのストレスや不安、悩みを抱えて働いているといいます（出典：平成24年労働者健康状況調査）。

その主な原因は、次の3点です。

・人間関係の問題
・仕事の質の問題
・仕事の量の問題

ひとつめの「人間関係の問題」で代表的なものが、上司との関係です。

玲紗も、命令型の上司の態度に慣れることができず、イライラしてしまいました。その関係が悪化すると、現在問題になっている「パワーハラスメント」となる可能性もあるでしょう。それ以外にも、同僚が冷たい、上司に承認されない、部下をうまく扱うことができないなど、上下横のあらゆる関係がストレスの原因となるかもしれません。

次の「仕事の質の問題」について、緊張を伴う業務はストレス源となります。たとえ

主人公の玲紗も、転職後の慣れない仕事と上司との人間関係にストレスを溜めていた

ば、物語の舞台でもある広告代理店は、ミスや遅れが許されない職場です。ほかにも、金銭を扱う仕事、人命に関わる仕事、時間に追われる仕事は緊張しやすい職務と言えるでしょう。

最後の「仕事の量の問題」については、主に長時間の労働・勤務が該当するでしょう。特に見逃されがちなのが、出張の多い仕事です。家族と過ごす時間がゆっくりとれず、ワーク・ライフ・バランスを崩してしまいます。

皆さんもこうした悩みをおもちではないでしょうか？

⇩キャリアの節目は心の危機

また、仕事を続けていると、ストレスやプレッシャーを感じて、心が折れそうになる場面が何度も訪れます。

たとえば、玲紗がそうであるように、新しい会社への転職は、ストレスが高まる典型的なケースです。中途社員は即戦力として期待されることが多いため、早く結果を出して認められようと焦りを感じます。そんなときに失敗してしまうと、心が折れてしまいかねません。

ほかにも、別の部署への異動や新しい土地への転勤も、ストレスの高まる場面です。特に海外赴任では、慣れない言語や文化に加え、現地社員となじめずに孤立無援となり、「失敗駐在員」として早期帰国するリスクもあります。

また、本人にとっては栄転である昇進・昇格も、大きな試練となるものです。最近では、女性活躍推進の下、女性社員がリーダーに抜擢されるケースが増えていますが、ストレスを感じても誰にも相談できずに悩む方も少なくありません。


このような節目は、その後のキャリアを決定づける大切な時期です。ところが、心が疲れて弱くなり、前に進むことができなくなる人もいます。

また、こうしたキャリアの節目は誰にでも訪れるものです。つまり、**私たち一人ひとりが、ストレスを感じ、心が折れてしまうというリスクと隣り合わせにいる**のです。

ストレス源から逃れられない状況にあるからこそ、ストレスやプレッシャーとうまく付き合う技術が求められているのです。

レジリエンスとは何か

02

レジリエンスとは

ここまで、ストレスやプレッシャーが原因で心が弱くなるリスクが日常に溢れていることを見てきました。

しかし、どんな場面でも、ストレスやプレッシャーに負けずに、壁があってもそれを乗り越える力が、生きていくうえで欠かせません。心が折れてしまい、キャリアの途中で挫折してしまっては、仕事のやりがいや人生の生きがいが得られなくなるからです。

そこで注目を集めているのが**「レジリエンス」**です。

レジリエンスとは、**「逆境やトラブル、強いストレスに直面したときに、適応する精神力と心理的プロセス」**と定義づけられます。**「再起力」**や**「立ち直る力」**といったほうがわかりやすいかもしれませんね。

海外では40年近く研究が続けられ、グローバル企業を中心として、レジリエンスを鍛える研修が行われています。また、子どもたちに心の強さを教えるレジリエンス教育を導入する学校が、すでに欧米で2000校ほどあります。

国内においてもNHK「クローズアップ現代」で特集されるなど、メディアでの認知が高まり、社員のレジリエンスを育成する企業・学校が増えています。

⇩レジリエンスが高い人の3つの特徴

心の強さであるレジリエンスが高い人には、次のような特徴があります。

・「回復力」

困難に直面しても、すぐに元の状態に戻ることができる、心のしなやかさをもっています。柔軟な心理は、レジリエンスの高さの証です。

・「弾力性」

これは、予想外のショックやストレスなどがあっても、弾力性をもって耐えることができる精神を表します。人から批判され、嫌なことを言われても、心の傷とならずに守ることができます。

・**「適応力」**

予期せぬ変化に抵抗するのではなく、それを受け入れて合理的に対応することができる思考をもっています。

⇩レジリエンスは誰もがもつ心理的資源

こうした特徴をもつレジリエンスは、実は特別なものではありません。

元々、私たちの内面にあるものです。**立ち直る力やストレスをはねかえす心の弾性は、本来は誰もがもっている心理的資源**なのです。

ところが、**ストレスや失敗体験などが原因で、レジリエンスが消耗してしまう**ことがあります。運動をしないと体の筋肉が弱ってしまうように、レジリエンスが弱ってしまうと、いざというときに力を発揮できません。だから、心の筋肉と言えるレジリエンスも、早期に養い、普段からトレーニングをしておくことが大事なのです。

60歳以上まで続く長い仕事人生において、体の健康と同様に、心の健康を維持するという視点が欠かせないと言えるでしょう。そして、レジリエンスを鍛えることが、その助けとなるはずです。

レジリエンスとは

レジリエンスとは、逆境や困難、強いストレスに直面したときに、適応する精神力と心理的プロセス

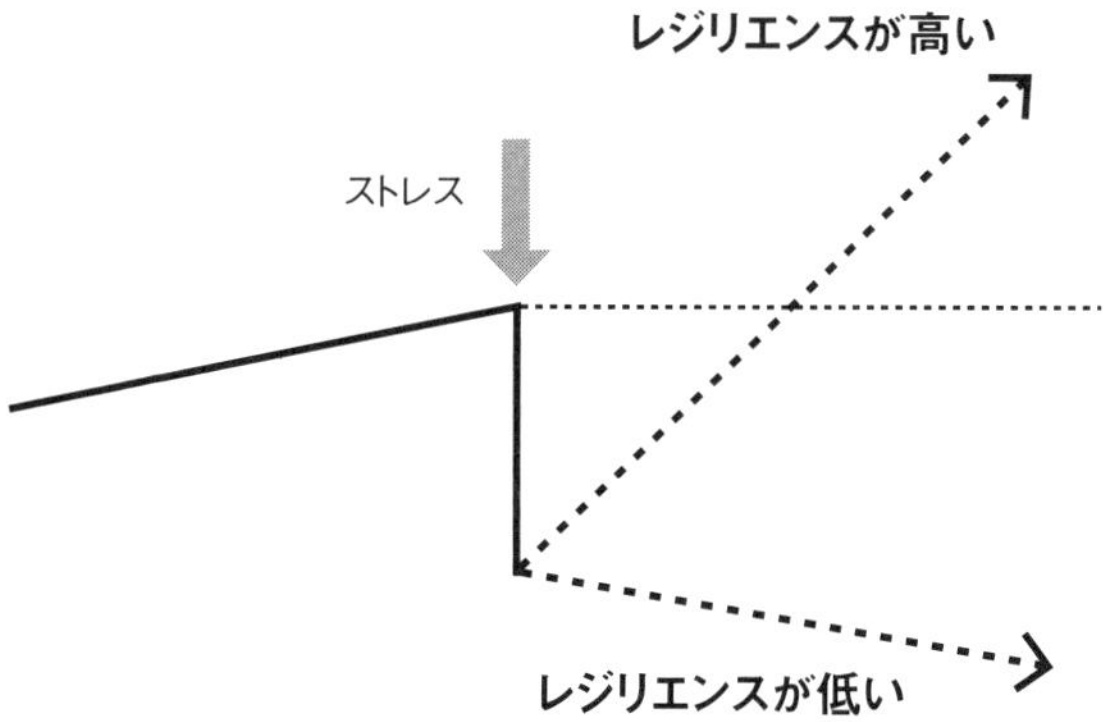

レジリエンスが高い人の3つの特徴

①回復力
②弾力性
③適応力

03

レジリエンスを鍛えるには

⇩レジリエンスを鍛える3つのステップ

レジリエンスの研究を通して、**逆境やストレスに直面しても立ち直る力は習得できる**とわかりました。その方法を**「レジリエンス・トレーニング」**と呼びます。

本書では、心理学者のイローナ・ボニウェル博士が開発した「SPARK レジリエンス・トレーニング」を基本に、心の筋肉の鍛え方を紹介します。

ところで、私は講演会などで自己紹介をするとき、ホワイトボードに大きな「N」の字を書くことがあります。このN字は、私が仕事で大きな失敗をして立ち直れないほどドン底にまで落ち込みつつも、なんとか立ち直り、意欲を取り戻したという経験を示しています。

私自身、この逆境体験を通して、「自分は失敗することはあるが、その度に再起することができる」という自信がつきました。その後は、新しい仕事にも臆せずチャレンジできるようになったのです。

逆境から立ち直る体験は、次の3つのステップから成り立ちます。

これらのステップを踏むことで、本来もつレジリエンスの力を取り戻すとともに、心の筋肉を鍛えることができます。

ステップ1　底打ち

困難や失敗に直面すると、心が疲れ精神的に落ち込みやすくなります。その原因は、不安や心配、憂鬱感や罪悪感などのネガティブ感情ですが、その**感情の連鎖を断ち切り、心の落ち込みを底打ちする**ことが最初のステップです。

ステップ2　立ち直り

次は元の心理状態に回復するステップです。ここでは心の筋肉を鍛えることで手に入る、**障害を乗り越え前進する力**が必要になります。

ステップ3　教訓化

困難を克服した後、**過去の逆境体験を振り返り、次につながる意味を学ぶ内省**が最後のステップです。時期としては、心の痛みが薄れるのを待ち、気持ちに余裕ができてから行うのが適切です。

⇩挑戦がレジリエンスの糧となる

これら3つのステップをくり返してレジリエンスを鍛えるうえでの、近道がありま す。それは、挑戦度が高い仕事に積極的に取り組むことです。

たとえば、玲紗の大学時代の先輩・長谷川は、海外経験により精神的にたくましく頼りがいのある人材に成長しました。

このように、人事異動や海外勤務の経験、新規プロジェクトや事業立て直しなどの困難を克服することは、逆境を乗り越える力としてのレジリエンスを鍛える貴重な体験となるのです。

その一例として、多くの人にとってキャリア上の壁となる、リーダーとして成長するために必要な経験を40ページの表にまとめます。こうした経験を通して、レジリエンスが鍛えられるのです。

なお、私自身、はじめての海外転勤でビジネス上のトラブルに巻き込まれ、メンタルが崩れかけた体験がありました。その後、イローナ・ボニウェル博士からレジリエ

レジリエンスを鍛える3つのステップ

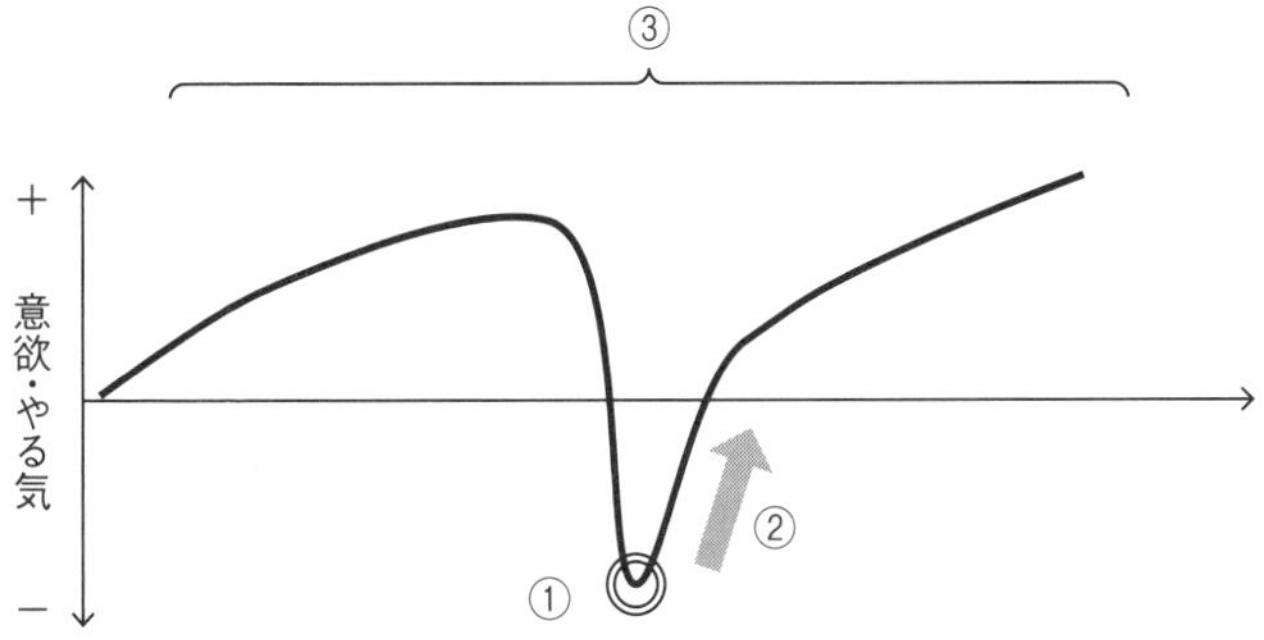

① 精神的な落ち込みを「底打ち」する
② スムーズな「立ち直り」を図る
③ 逆境体験を「教訓化」する

ンスを直接学ぶ機会に恵まれ、「3つのステップ」に従って、トレーニングを実践し、くり返す中で、逆境に強くなったのです。

もちろん、今でも失敗することはありますし、対人関係の問題だって起こりますが、その度に気持ちが落ち込み続けることはありません。すぐに立ち直る能力を身につけたからです。

また、どんなことがあっても再起できる自信がついたので、経験のないことでも一歩踏み出して、行動できるようになりました。保守的で臆病だった過去の自分とは大違いです。新しいことにもチャレンジできるようになり、今では心の底からやりたいと思える仕事を行うことが

リーダーを育む8つの経験

❶ 初期の仕事経験	❷ 上司から学ぶ経験
❸ 人事異動の経験	❹ プロジェクト型の仕事経験
❺ 管理職になる経験	❻ 海外勤務経験
❼ 立ち上げの経験	❽ 修羅場の経験

(参考:『「見どころのある部下」支援法』谷口智彦著、プレジデント社)

できています。

本書を通して、皆さんにもそうした力を強めていただきたい――そう心から願っています。

⇩レジリエンスは実践を通して鍛えられる

以下の章では、レジリエンスを鍛える3つのステップで、それぞれ必要なことを説明します。

- **「底打ち」に欠かせない「ネガティブ感情をコントロールする方法」と「マイナスの思い込みの対処法」→Part1・2**
- **「立ち直り」に必要な「社会的支援を得る方法」と「自信の立て直し方」→Part3・4**
- **「教訓化」で役に立つ「仕事で自分の強みを活かす方法」→Part5**

どれもシンプルで、すぐに実践できるものばかりです。

ただ、私自身の経験を通して言えることですが、心の筋肉は、本を読んで知識を蓄えるだけでは、十分に鍛えることができません。体の筋肉をトレーニングすることと同じように、実践することで鍛えられるのです。

役に立つものだと思ったら、すぐに仕事や生活に取り入れてください。

Part 1

ネガティブ感情をコントロールする

Story 1
そうか、私、疲れていたんだ
長谷川くんとの仕事は楽しいね！
長谷川さんステキよねー♡
ねー♡
じーーーっ
カタ
カタ
カタ
なんだい？

先輩は本当に
先輩なのか
疑っているんです
え？
ああ
ニューヨークで結構
鍛えられたからなぁ
私の知っている
先輩とずいぶん
違うから…
海外勤務で？
何があったん
ですか？
ははっ、
いろいろさっ
ドキッ

で？
本当は何が聞きたいんだい？
仕事でうまくいかないときの心の持ち方とか…
…ストレス解消法とか…
それだけ？
ははあ！昨日のミスを気にしてるの？
ははっ
うっ…
ストレスは気にしないこと
えっ？

俺ならそんなときは早く布団に入ってぐっすり眠ることにしてる
眠る…？
ちなみにストレスって…
須藤さん！斉藤さんが呼んでます
じゃ失礼します…
ペコ
また何かあったら話を聞くよー
どうして言った通りにできないの？
私のやり方通りにやって！

イラッ
そんなに細かく指示されたらやる気も萎えるわ
ガミ
ガミ
ストレスは気にしない…
早く寝ること…
イラ
イラ
イラ
イラ
イラ
うーん
うーん

チュンチュン
チチ…
はぁー
眠れなかった…
翌日
須藤さん
ちょっと来て
書類ミス
ガミ
連絡ミス
ガミ
イライラ イライラ イライラ イライラ
私ばっかり
目の敵にして!
ただいま…
はあ…
新着なし
彼氏からのメールの返事なし…
あーもう
眠れない!
イラ
イラ
イラ

あ、先輩
昼休みにジョギングしてる…
そっか
ああやって体力を使うから眠くなるんだわ
ほっ
ほっ
タッタッタッ
15分後…
はぁ
はぁ
ほとんど走っていないのに足が痛くなるなんて
うまくいかないな…
とぼとぼ
やっぱり
…眠れない…

そんな日が続き
ストレス解消どころか
溜まる一方…
フラ
フラ
コーヒー飲んで
眠気を覚まそう…
ずずっ
あー…
美味しい…
あー…
眠い…
すー
わーー！
ケーキがいっぱい！！
…ん
…ーキちゃん

ケーキちゃん!
ふっ…
こんなところで寝たら風邪ひくよ
…
わあっ!?
びくっっ
私寝ちゃっ…
ケーキちゃん
眠れていないの?

ケーキちゃん
ここのところ
調子悪そうだし
今日はもう…
大丈夫です！
すぐに仕事に
戻りますから
ささっ
ちゃんと
睡眠をとらないと
倒れちゃうよ？
……
この間のミスは
もう気にしなくて
いいよ
あのプロジェクトは
順調なんだから
…です
ん？
…私は
先輩みたいに
できないです

私なんて…全然仕事できなくて…みんなの迷惑にしかならなくて…
そんなことないよー
ケーキちゃんよくやってるよ
…先輩みたいに
ぎゅっ
先輩みたいになりたいんです
ん?
だから先輩の真似をしたんです

なるほど…
ケーキちゃんの最近の不調の原因は俺だったのか…
ストン
ぺこっ
ごめんよ
えっ
先輩のせいじゃないですよ!?
じゃあケーキちゃん自身のせいでもないよ
ニコッ
へっ?
ケーキちゃんはちょっと疲れているだけなんだよ
心が

心が疲れている？
心が疲れると
良くないことばかり
考えるようになるんだ
それだけなんだよ
そうか…
私
疲れていたんだ…

ますます先輩みたいになりたくなりました
え？
私も仕事で何があったって平気な強さを身につけたい
ふる ふる
いやいや平気じゃないよ
俺だって嫌な気持ちになるし
失敗したらっていう不安もあるし
怒られたら凹むよ
心の強さってそういうことを感じないことじゃないんだよ

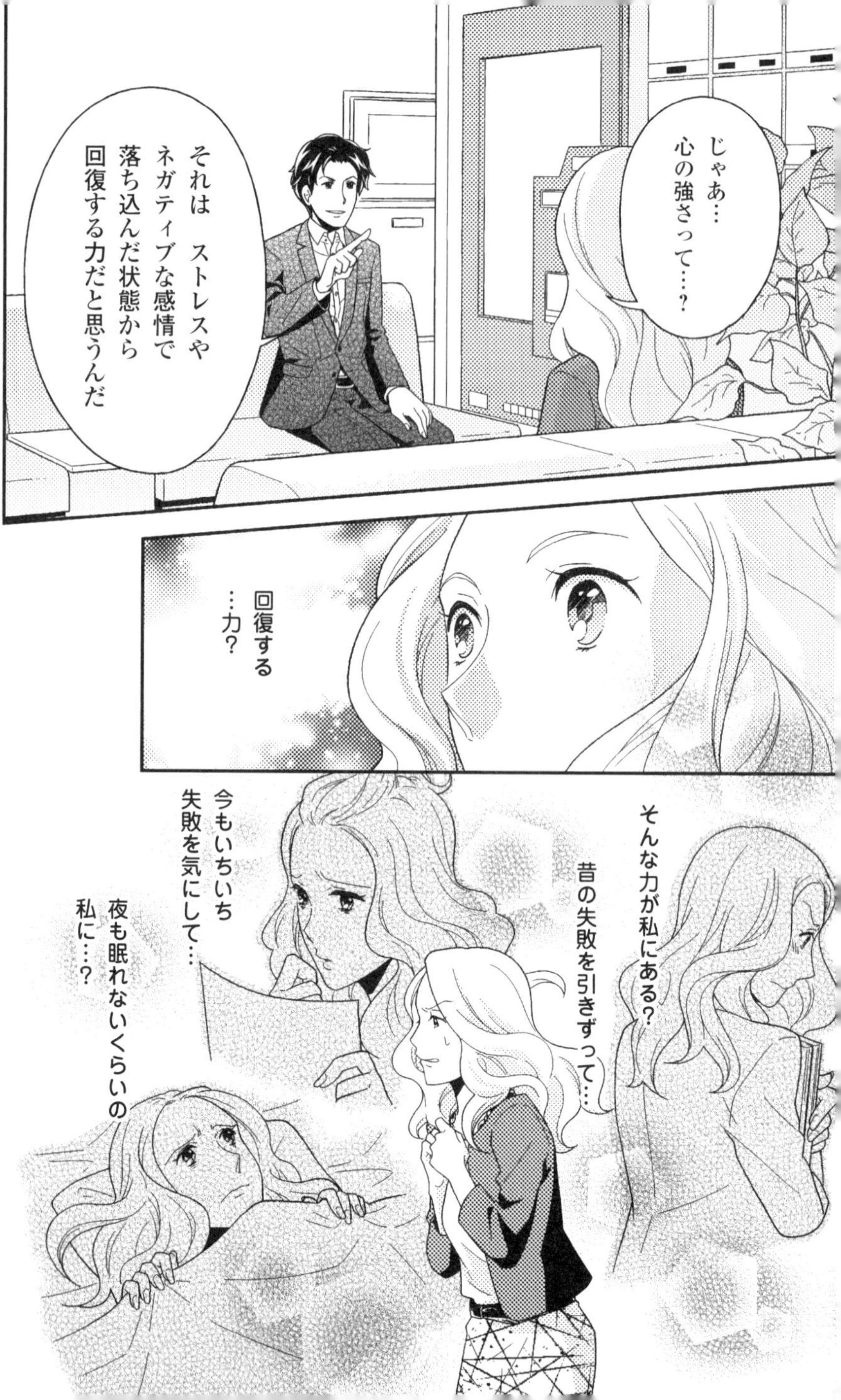
じゃあ…
心の強さって…？
それは　ストレスや
ネガティブな感情で
落ち込んだ状態から
回復する力だと思うんだ
回復する
…力？
そんな力が私にある？
昔の失敗を引きずって…
今もいちいち
失敗を気にして…
夜も眠れないくらいの
私に…？

そんな力
私にはないです!
無理です!
できない
無理だって
思い込んでいる
だけだよ
それに
ケーキちゃんのように
素直でがんばり屋な人ほど
心が疲れやすいんだよね
でも
…でも?
でも、大丈夫
誰でも
心を強くできるんだ

ネガティブな感情に振り回されないために

01

ストレスは心を弱くする

玲紗は、慣れない職場での仕事や人間関係で、ストレスを感じて疲れがたまり、気持ちが上下しやすくなっていました。

特に転職時や異動後などに見られることですが、思い描いていた理想とのギャップに心がモヤモヤして、「こんなはずじゃなかった」とやる気が下がってしまうことがあります。

また、失敗やトラブルに直面すると、気持ちが落ち込みやすくなります。精神的な疲れが慢性化して、心が弱くなってしまうのです。

しかし、ストレスをすべてなくそうとするのは現実的ではありません。先輩や上司との関係になじめない、仕事の量が多すぎる、帰宅時間が遅くなって自分の時間がもてない、といった仕事上の問題は、自分ひとりでは解消できないからです。

また、「イライラする」、「やる気が起きない」、「自信がない」といったネガティブな心理状態の原因は、ストレスだけではないというのも大切なポイントです。仕事のストレスはただのきっかけにすぎず、**自分の心の持ち方や捉え方の「癖」にも問題があるから**です。

⇩感情はコントロールできる

ネガティブな心理状態を断ち切ることができるかどうか——ここで大切なのは、**自分でコントロール可能なものに視点を移動する**ことです。

「この状況はどうにもならない」と考えると、無力感に襲われ憂鬱になりますが、自分で対処できるものに注意を向けることで、悲観が楽観に変わり、失望が希望へと変わるのです。

そして、**自分がコントロールできるもののひとつが感情**です。

「自分は感情に振り回されることが多

イライラした感情に振り回されたままでいるか、それともコントロールするかは自分自身で選ぶことができる

い」

そう感じる人もいるでしょう。

しかし、それも仕方のないことです。なぜなら、これまで感情に関する知識と感情調節というスキルを学ぶ機会がなかったからです（なお、海外では「ＳＥＬ（社会感情教育）」が中学校などで教えられ、友人との対人関係のあり方やいじめの防止などに活用されています）。

レジリエンスを鍛えるうえで、まず対処すべきは、気持ちの落ち込みの原因となるネガティブ感情です。そこで、レジリエンスの基礎として、本章では、感情の基本を見ていきたいと思います。

⇩感情にフタをしてはいけない

感情に着目すると、そもそも「感情は表に出してはいけない」としつけられ、会社でも感情的になることは良くないことだと考えている人は多いかもしれません。

たしかに感情を爆発させ、コントロール不可能な行動となってしまうのは問題です。

ところが、感情を押し殺し、抑圧する癖がつくと、いくつかの問題が生じてきます。特に注意が必要なのは「感情労働」に従事している人です。

感情労働とは、会社などから管理・指導され、自分の感情を加工することによって相手の感情に働きかける職務のこと。肉体労働、頭脳労働に続く第3の労働形態と言われます。たとえば、自分の感情を押し殺してクレームに応対するコールセンター業務や、常に笑顔でいることを求められるCA（客席乗務員）や看護師、おもてなしの心をサービスとして提供する接客業は、感情労働に含まれます。

ここでの問題は、**仕事のために感情にフタをし続けると、本来の自分らしさを失ってしまったり、溜まった感情が爆発して攻撃的な行動に走ってしまう**という副作用です。心が疲れて**「バーンアウト（燃え尽き）症候群」**になる人も少なくありません。

一方、会社やプライベートでの対人関係においては、自分の感情をオープンに出せずに溜めこむ癖をもつ**「パッシブ・アグレッシブ」**な人もいます。

これは**「受動的攻撃行動」**とも言われ、**相手に対して怒りをダイレクトに表現せず、沈黙や無視、皮肉や批判、遅延や妨害行為をすることで相手を困らせ、消極的な態度により相手に反抗する**行動の傾向を示します。

本当は相手に怒りの感情が内面でふつふつと湧いているのですが、人と衝突することを恐れていたり、協調や調和が大事だと教えられているため、無意識のうちに自分の感情にフタをしてしまうのです。

ただし、抑圧したからといって、感情はどこかに消えてなくなるわけではありません。内面に溜め続け、ガス抜きをしないでいると、健康リスクにつながることもあります。

また、感情を押し殺すという感情規制が癖になると、楽しみや幸せなどのポジティブな思いを感じる脳の回路まで細くなってしまうこともあります。

感情と共生していくには、うまく付き合う方法を学ばなければなりません。そして、その方法をつかむためには、感情に関する知識を身につけることが必要なのです。

以下では、特に重要なポイントを解説します。

心の強さとは、ネガティブな感情を感じなくなることではなく、感情とうまく付き合い、落ち込んだ状態から回復する力のことである

02 ネガティブはポジティブより強い

感情の反芻《はんすう》現象

感情について特に大切な知識は**「反芻《はんすう》現象」**です。反芻とは、くり返されるという意味です。牛が草をモグモグと食べる様子を表す際にも使われる言葉ですが、牛がいつまでたっても草を噛み終わらないように、**ネガティブな感情は私たちの心の中でしつこくくり返される**傾向があります。

ミスや失敗、予想外のトラブルなどを経験したときは、怒りや不安、恐れ、憂鬱感、罪悪感、羞恥心といった感情が心の中で反芻され、なかなか消えてなくなりません。一方、喜びや楽しみなどのポジティブな感情は、すぐに消えてなくなります。

つまり、**ネガティブな体験はよく憶えているのですが、ポジティブな気持ちはすぐに思い出せない**のです。

これを**ネガティビティ・バイアス**といいます。

ネガティブ感情のしつこさを考えると、以前に勤めていたP＆Gでの仕事を思い出します。当時の私は、台所洗剤の開発に関わり、お宅を訪問して、厄介な洗い物について調査していました。油汚れがしつこいものの代表例が中華鍋、一方、洗い物で困らないのがテフロン加工のフライパンでした。

つまり、ネガティブな感情は、中華鍋に残った油のように、しつこく粘着性があるのです。一方、ポジティブな感情は、まるでテフロン加工のように、さらっと流れて消えてしまいます。

このように、**ネガティブな感情はポジティブな感情よりも強く記憶に残る**のです。

「悪人は善人よりも強い」という言葉がありますが、感情に関しても**「ネガティブ感情はポジティブ感情を上回る」**のです。

まず、この事実を理解することが、感情とうまく付き合ううえでの基本となります。

なお、この知識は、夫婦や職場などといった人間関係を円満にするうえでも応用できます。

専門家によると、将来別れる確率が高くなる夫婦の特徴として、ポジティブな感情とネガティブな感情のバランスが悪いことがわかっています。良い関係を続けるためには、ネガティブな感情1に対して、その5倍以上の頻度でポジティブな感情をもつことが理想的だとされています。つまり、うっかり相手を怒らせた後には、楽しい気分に変わる体験を多くすることが大切なのです。

また、職場においても同様です。たとえば、ある調査によると、高業績のチームの会議では、ポジティブな発言がネガティブな発言の約6倍あったことがわかりました。一方、低業績なチームは、その真逆で、否定的な発言が肯定的な発言の3倍もあったといいます。それでは、チーム内に憂鬱感が漂ってしまいそうですね。

⇩ポジティブな脳とネガティブな脳

ネガティブな感情よりも多くのポジティブな感情を体験する人のほうが、幸福度が高いというのは、感覚的に理解できることでしょう。ある研究によると、目安として、ネガティブ1に対してポジティブが3以上だと、幸福度が高まるといいます。

幸福度を高めるために必要なのは、まず、**ネガティブな感情をコントロールする**ことです。そのうえで、**ポジティブな感情が豊富になるような習慣**をもてば、高いレベルの幸福感を味わうことができるようになります。

これは、ポジティブな感情とネガティブな感情がそれぞれ異なる脳の領域で生まれているという研究からも言えることです。

被験者の頭に多くの電極を貼り付け、脳内の電気的活動を計測するという実験によって、楽観性の高い人は、左半分の脳が右半分よりもかなり活発に働いていることがわかりました。一方、悲観的な人の脳の左半分の活動度は、楽観的な人と比べてずっと低かったのです。

なお、脳科学の研究によれば、人が〈恐れ〉という感情をもつときに重要な役割を果たすのは、「扁桃体《へんとうたい》」と呼ばれるアーモンドのような形をした、親指の爪ほどの大きさの組織です。この扁桃体から大脳皮質の各部に神経経路がつくられています。

大脳皮質には、感情を抑制する機能があります。

通常は、恐れの中枢である扁桃体と抑制機能をもつ大脳皮質のバランスがとれています。しかし、悲観的で先のことをネガティブに考える癖のある人は、大脳皮質の抑制機能が弱まっており、恐れの感情が過剰になってしまうのです。つまり、**理性が感情に支配され、不安や心配をコントロールできなくなってしまう**のです。

何か失敗したとき、「困った、どうしよう！」と気が動転したり、「人に迷惑をかけてしまった。これからどうすればいいだろう」という恐れの感情に襲われた経験があるかもしれません。

これらは、恐れの感情で思考停止状態になり、冷静に考えることができなくなった状態です。

何か失敗をしたときには、まず心を落ち着かせて、パニックにならないことが大切です。感情が揺らいでしまうと、無意識のうちに突発的な行動を起こして、問題をさらに深刻化させてしまうからです。つまり、**感情に引きずられることなく、まずは心を鎮静化することが大切**なのです。

心を沈静化するコツは、後のページで説明します。

03 問題行動の影には感情が潜んでいる

感情と行動のメカニズム

　続いて、感情について知っておきたいのが、**突発的な行動の裏側には、感情の問題がある**ということです。

　ネガティブ感情を司る脳の中枢機能からは、体の各所に特定の指令が瞬時に流されます。そのため、無意識のうちに体が反応してしまうことがあります。

　たとえば、怒りの感情は、攻撃的な行動を引き起こします。誰かにイラッとしたときに、つい暴力的な言葉を口にしかけたことはないでしょうか。

　また、人から理不尽な仕打ちをされたときは、怒りの感情にスイッチが入り、攻撃本能が活性化します。

　一方、恐れを感じると、逃避の行動を起こします。多くの人が恐怖を感じることに、人前でのスピーチがあります。自分がプレゼンをしなくてはいけないとき、逃げたくなるような衝動に襲われたことがあるかもしれませんね。

不安な感情は、回避行動につながります。たとえば、はじめての仕事を任されたとき、「自分では無理だ」「時間通りにできないのではないか」と考え、行動できない人がいます。その影には、不安という感情が隠されているのです。

また、恥ずかしさは、隠遁行動を引き起こします。大勢の同僚の前で上司から叱責を受け、自己肯定感がボロボロになるような恥ずかしい思いをすると、会社に行って上司や同僚と会うことを避けたくなってしまいます。現在、社会問題にもなっている引きこもりの原因のひとつとして、学校で周りに恥ずかしい思いをさせられてしまった結果、外に出ないという行動をとっていると考えることもできます。

このように、問題ある行動の裏には、それを引き起こす感情が隠れています。

こうした**感情と行動の関係性を理解することが、問題に対処できるようになる第一歩**でしょう。

ネガティブ感情による問題行動

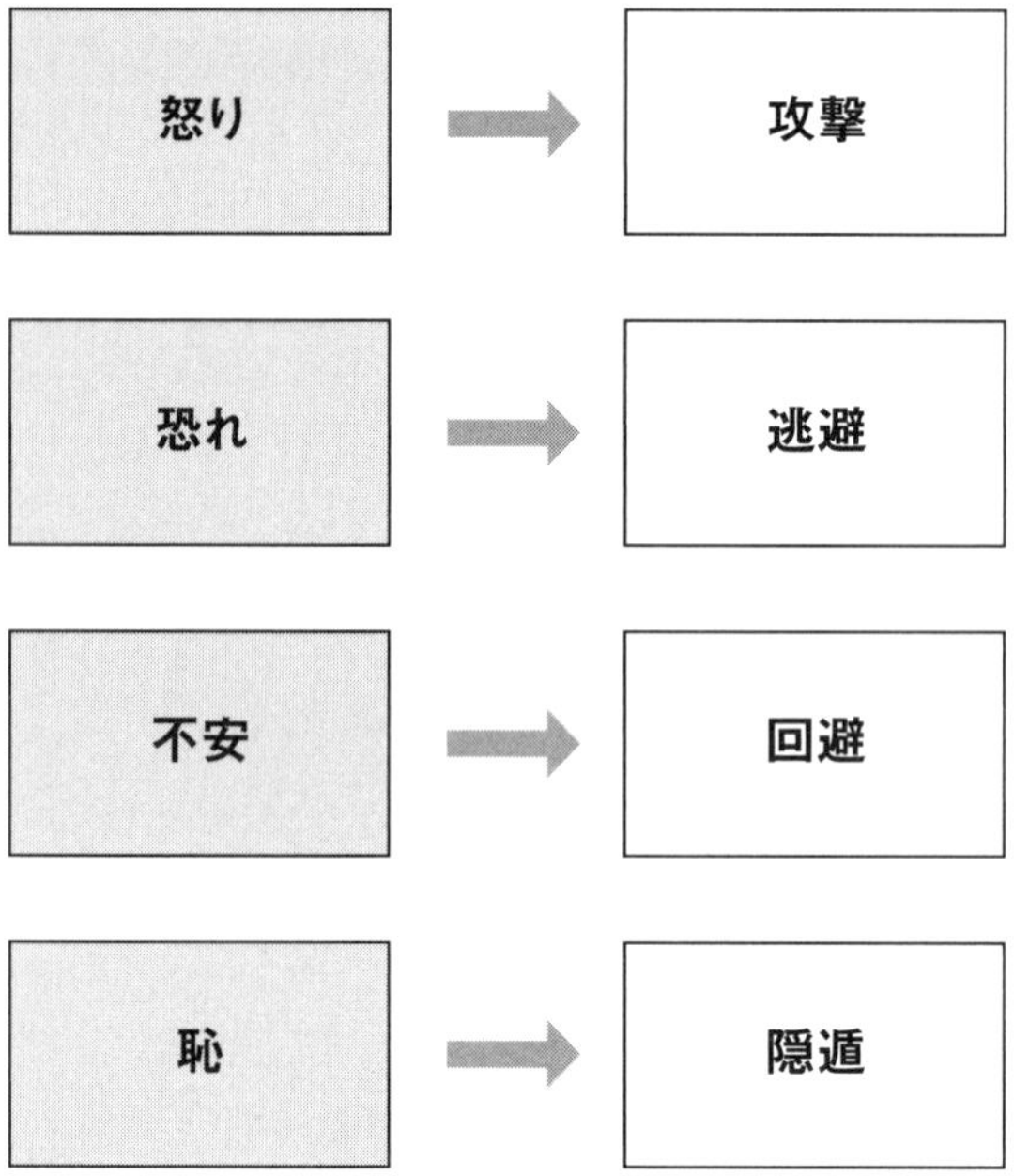

イライラや不安は伝染する

04

感情バンパイアに気をつけよ

感情は、風邪のウィルスがオフィス内で伝染するように、人から人へと波及することも知っておくといいでしょう。

たとえば、自信がなく悲観的な口癖のある人と一緒にいたら、自分まで憂鬱な気分になってしまったという経験はありませんか？　また、リーダーが不安そうな様子で仕事をしていると、チーム全体にどんよりとした雰囲気が漂ってしまったということもあるかもしれませんし、家庭内で誰か一人がピリピリしていると、いつの間にか家族全員がピリピリしてしまったということもあるでしょう。

ここで注意したいのは**「感情バンパイア」**です。

身近に感情バンパイアがいる場合は注意が必要です。

感情バンパイアとは、**相手の感情に影響を与え、その人と接するだけで活力が吸**

い取られたかのように感じさせるタイプです。周りにいる人に、「自分はダメな人間だ」「小さな存在だ」と感じさせて、自己肯定感を下げ、元気を失わせてしまうのです。

一方、**その人と話すだけで、幸せな気分になり、活力が湧いてくる人がいます。まるでエネルギーが注入されたかのようにモチベーションが高まる**ため、周りからも好意的に思われる人物です。

こうしたタイプを**「ポジティブ・エナジャイザー」**といいます。

ポジティブ・エナジャイザーがリーダーの立場に就けば、チームが活性化するでしょう。

⇩感情伝染を日常に応用する

ネガティブな感情は人から人へ伝染しますから、ネガティブな感情が強い人と働く際には、活力を吸い取られないよう気をつけたほうが得策です。距離をとることができる間柄であれば、なるべく離れることをお勧めします。

とは言え、上司や部下、家族などに感情バンパイアがいる場合、簡単に離れることはできないでしょう。そうしたときこそ、ネガティブな感情にコントロールされない強さ——つまり、レジリエンスを高める必要があるのです。

同時に、ポジティブな感情も波及します。幸福感も、人を通して伝わっていくのです。

特に、家族や友人などの親密な関係においては、ひとりが幸せになると、周りにまでさざ波のように幸福感が広がっていくものです。

こうした知識は、「ふだん誰と過ごすべきか」がとても大切であることに気づかせてくれます。

「人格は、最も多くの時間を共に過ごしている5人の平均として形成される」と言われます。つまり、幸せになるには、幸せな人と時間を共有することが最速最短の方法だと私は考えます。

また、自分自身が、無意識のうちに相手の元気を吸い取り、部下や同僚のやる気をなくす存在になっている可能性もあります。できることならば、感情バンパイアよりも、人に元気や幸せな気持ちを与える存在でありたいものですね。

そのためにも、自分の感情のパターンを理解し、ネガティブな感情をコントロールすることが大切です。それこそがレジリエンスの基礎技術なのです。

ネガティブな感情のポジティブな役割

05

感情調節力を身につけよう

ここまでネガティブな感情の問題点について説明してきましたが、実は悪いことばかりではありません。

ネガティブな感情は、私たちが生きるうえで必要なものでもあるのです。

大切なことは、**ネガティブな感情を毛嫌いするのではなく、その感情の特徴を理解して、自分のプラスとなるようにコントロールする**ことです。

つまり、感情の両側面を理解し、役に立てようとする態度が大切なのです。

これまではネガティブな側面ばかりに注目してきましたが、ネガティブな感情には、ポジティブな側面もあります。

たとえば、多くの人を困らせている怒りの感情には、正義感を生み出し、社会的秩序を守る前向きな効果があります。

ネガティブ感情のポジティブな役割

怒り	正義感を発揮させ、秩序を守る 怒りの感情を原動力として、やる気を高める
恐れ	心身のリスクから自分を守る 失敗できないと奮起して、動機付けとなる
不安	自分の身を不透明な状況から守る 何に気をつけるべきか注意を促す
恥	自己肯定感と自己価値を守る 社会への適応を助ける

恐れや不安の感情は、自分を危害から守ってくれるアラーム機能となります。また、それらの感情が切迫感をもたらすことで、「締切に間に合わない」と背中を押し、仕事へのやる気を奮起させるといったメリットもあります。

恥の意識――つまり、「隠れたい」という気持ちも、他人からの中傷や批判から自分を守る反応です。

ただし、そこで逃げ隠れするのではなく、理性の力を使って、自分の考え方や態度を変える努力をすることができれば、周囲により適応しやすくなります。

つまり、レジリエンスの高い人は、**感情のネガティブ面をコントロールしつつも、こうしたポジティブ面を臨機応変に活用できる感情調節力をもっている**のです。

俺だって嫌な気持ちになるし
失敗したらっていう不安もあるし
怒られたら凹むよ
ネガティブな感情に振り回されることなく、ネガティブな感情のポジティブな側面を臨機応変に活用することは、レジリエンスの技術のひとつ

感情をコントロールする3つの技術

06

呼吸法で乱れた感情をクールダウンする

ここからは、ネガティブな感情に効果的に対処する3種類の方法を紹介します。

①感情のクールダウン
②感情の「ラベル付け」
③感情の「気晴らし」

まず大切なことは、感情をクールダウンすることです。乱れた感情を鎮静化するには、思考の力だけを使ってはうまくいきません。そこで安全に気持ちを落ち着かせる方法として、呼吸の力を使うものがあります。科学的にも効果が証明されている代表的な方法が、**「3分間マインドフルネス呼吸法」**です。

静かな場所で椅子などに腰掛けて、体をリラックスさせます。目は閉じても開けてもいいのですが、息に意識を向けて、ゆっくりと呼吸をすることがポイントです。ストレスの緊張緩和に有効な方法です。

私自身、人前で話をする前に、心を落ち着ける方法として習慣にしています。

⇩感情に「ラベル付け」をする

次が、**感情の「ラベル付け」**です。

この目的は、ストレスや失敗によって発生した感情を「ラベル付け」し、自分の感情を一定の距離を置いて眺めることで、感情を効果的にコントロールできるようにすることです。

自分の感情にラベルを貼ることは、**自分の内面でモヤモヤしていた感情を**

3分間マインドフルネス呼吸法

目的

ストレス時の緊張緩和に

方法

1. 鼻から息をゆっくりと吸います（〜4秒）
2. 鼻から息をゆっくりと吐きます（〜6秒）
3. 息の流れに意識を向けて、3分間続けます

「見える化」することになります。どんな問題でも、効果的に対処するためには、まずはその対象を明確にする必要があります。つまり、感情に対処するため、どのような感情を抱えているのかを明確にするのが「ラベル付け」なのです。

脳科学の研究では、**心に浮かんだ考えや映像を「ラベル付け」するだけで、脳の抑制機能を司る大脳皮質を活性化させ、恐れの中枢である扁桃体《へんとうたい》を鎮めることができる**ことがわかっています。この訓練をくり返すことで、脳が本来のバランスを取り戻し、不安や恐れなどの感情的な反応を鎮静化できるようになるでしょう。

また、ひとつの感情が引き金となり、複数の感情が芋づる式につながって発生する場合があります。たとえば、私自身、イライラや不満を感じた後、怒りの感情を制御できない自分に失望を感じ、最後に疲労感をもってしまうことがあります。

感情のラベル付けを行う際は、ひとつの感情だけではなく、こうして次から次へと湧いてくる**「一次感情」「二次感情」という複数の感情のパターンを見出す**といいでしょう。すると、自己理解が深まります。そうすることで、無意識のうちに感情的になり、70ページのような問題行動を起こすことを防げます。

信頼できる親友や家族と対話すると、感情のラベル付けがより容易になるでしょう。

感情の「ラベル付け」

目的

自分の内面に生まれたネガティブな感情に早期に気づき、客観視する

怒り	不安	恐れ
罪悪感	不満	嫉妬
羨望	憂鬱感	退屈
失望	羞恥	疲労感

たとえば、「あのときは、どんな気持ちだった?」と確かめあう方法がお勧めです。

⇩ストレスの宵越しをしない

ネガティブ感情に効果的に対処する方法として最後に紹介するのが、くり返されやすい感情を**「気晴らす」**ことです。

怒りや不安などの感情は、そのままにしておくと自分の心を疲れさせ、周りの人にも伝染してしまいます。だから、**できるだけ早く「ガス抜き」をしておく**ことが大切なのです。

「気晴らし」とは、**意識を別の活動に向ける**ことです。たとえば、人に迷惑をかけるようなミスをしてしまった後は、その出来事が頭の中で延々とくり返されるという悪循環に陥りがちです。

そんなとき、ネガティブな考えを無理にストップさせようとしてもうまくいきません。

そこで効果的なのが、体を使って別のアクティビティをし、注意をシフトさせることです。

効果が証明されている気晴らしの方法には、次の4つの系統があります。

①エクササイズ、ダンス、各種スポーツなどの「運動系」
②音楽演奏・鑑賞、カラオケなどの「音楽系」
③ヨガ、瞑想、早足散歩などの「呼吸系」
④ライティング、日記、手紙などの「筆記系」

実はほかにも、効果的な気晴らしがあります。それは、**自分が夢中になり、没頭できることをする**ことです。趣味でも、好きなことでもどんなことでも構いません。集中度が高まり、時間が経つのを忘れるほどの**「フロー状態」**と呼ばれる心理状態になると、気持ちの切り替えになります。

できれば、気晴らしは、その日のうちに行いたいものです。**ネガティブな感情は睡眠に悪影響を与え、目覚めも悪くなるので、宵越しさせない**ことが大切です。

忙しくて、その日のうちに対処できなければ、週末に実施することをお勧めします。

ネガティブ感情の「気晴らし」

運動系	エクササイズ ダンス 各種スポーツ	
音楽系	音楽演奏 音楽鑑賞 カラオケ	
呼吸系	ヨガ 瞑想 早足散歩	
筆記系	ライティング 日記 手紙	

※特に自分が夢中になり、没頭できる「フロー状態」になれる活動が効果的

自分が没頭できる、複数の気晴らし法をもちましょう。

ポイントは、とにかく早めに気晴らしをして解消することです。早速試してみてください。

Part 2

マイナスの「思い込み」を手なずける

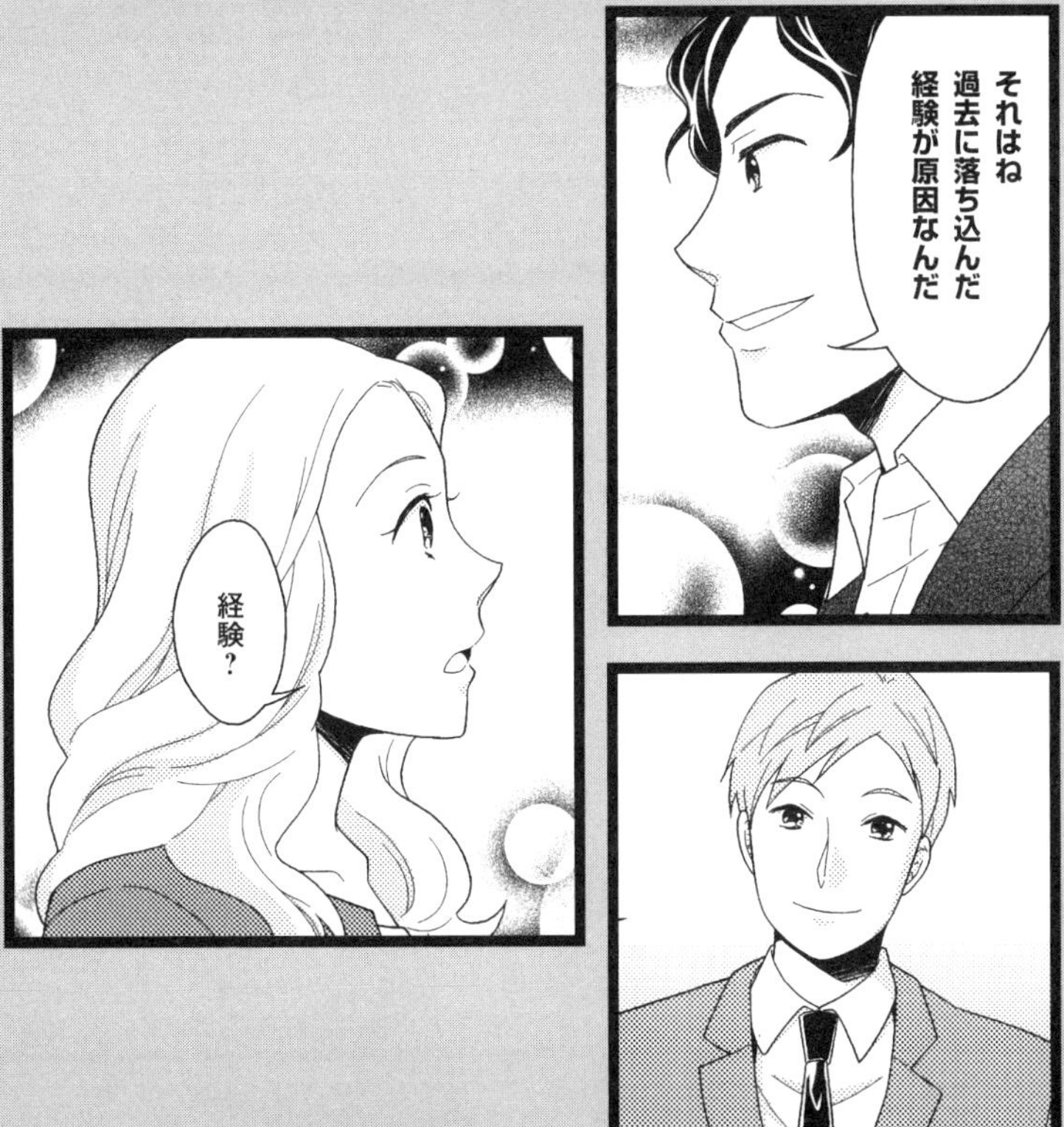
それはね
過去に落ち込んだ
経験が原因なんだ
経験？

Story 2
思い込み犬との付き合い方
おはようございます
あ、須藤さん
この案件だけど…
須藤さん！
昨日頼んでいた
資料を見せて頂戴
言われなくても
先に持ってくるものよ
イラッ
…すいません

打ち合わせ用の資料のここが…
ここの直しがおかしいの…
ここは確認とれてるの？
グチ
グチ
グチ
グチ
イラ
いつも指示が細かいなぁ…そんなに私信用がないの？
上司だったら部下のことを信用すべきでしょ
イラ
あれっ…
犬!?
そりゃ転職したばかりで不慣れだけど
少しは自由にやらせてくれたって
ワン!
ワン!
正義犬
あっ…
これって…
思い込み犬！
何か言った？
い、いえっ

イライラした気持ちになったのは
心の中にいる「思い込み犬」が原因だと思うんだ
犬？
そう犬だから君の性格じゃないよ
そうだ これはただの思い込み犬
よしよし いい子…
いい子ねー
ウウー
よしよし
クウン…
じゃ、お願いね
すっ
はい

私ってなんでいつもネガティブになるのかなぁ…
実はネガティブな気持ちって思い込みなんだよ
えっ、まさか！
そもそも人はどうしてネガティブな気持ちになるのか
考えたことあるかい？
え？えっと…
それはね過去に落ち込んだ経験が原因なんだ
経験？

何かが起こると心はこう考える
これと似たことが過去にもあったな
あのときは嫌な気持ちになったから
今回も嫌な気持ちになろう
心
えっ
それって変ですよ！
同じようなことが起きたとしても
今回は別の気持ちになるかもしれないじゃない！
それが思い込みだ
そう！まさにそれ！

カタン
ネチネチ
ガミガミ
こんな中途半端な資料の作成を依頼した覚えはないわ
わからないことがあれば質問するように言ったはずよ！
斉藤さんって…
誰に対してもあの態度なのね
…私だけじゃなかったんだ…
私は自分でネガティブな気持ちになってただけ…
思い込みだとわかればなんてことないわ…
♪
カタカタ
カタ…
あ…

以前、勤めていた会社
○△□物産
課長 新しい 企画案です
うん
数日後
課長 あの企画案 いかがでしたか？
あー、ごめん まだ見てない
ピクッ
また別の日
課長 この案件の納期 これでは少し きついのですが…
先方から それでやれって 言われているから それでやって
でも…
ハーッ
わなわな
上司なら部下の話を ちゃんと聞くべき でしょう！

こんな会社
辞めてやる！
どうして
忘れていたの…？
これで
いいでしょ
「上司は
こうあるべき」
っていう
思い込みの
せいで
上司なら
もっと部下を
引っ張って
いくべきでしょ！
ワン
ワン
上司なら
部下を信用して
任せるべきなん
じゃないの？
ワン
ワン
前の会社の
上司とも
斉藤さんとも
うまくいって
なかったのね
私の
言うとおりに
して！
本当に
思い込み犬の
しわざだわ…
フッ
RRRR

はい
ＡＢ広告社
須藤です
先日
お願いしていた
件なんだけど
あっ
はい
えーっと…
やばい…！
書類どこだっけ？
そその件に
つきましては
まだ確認がとれて
いませんので…
いつまでかかるの？
昨日までには
連絡くれるって
言ってたでしょ
忘れてた！
申し訳ありません…
すぐに確認します
遅れるなら
そう言って
くれなきゃあ
すみません…
また
やっちゃった…

休憩室
ガタン
やっぱり私って仕事できないんだわ…
クゥ～ン
クゥ～ン
負け犬
要領も悪いし…私ってほんとダメだ…
どうしたの？また寝不足？
先輩
いえ…
また仕事で失敗しちゃって…
それで落ち込んでいるってわけか…

そうだ
気持ちを落ち着かせる呼吸法ってのがあるんだ
やってみる？
はい！

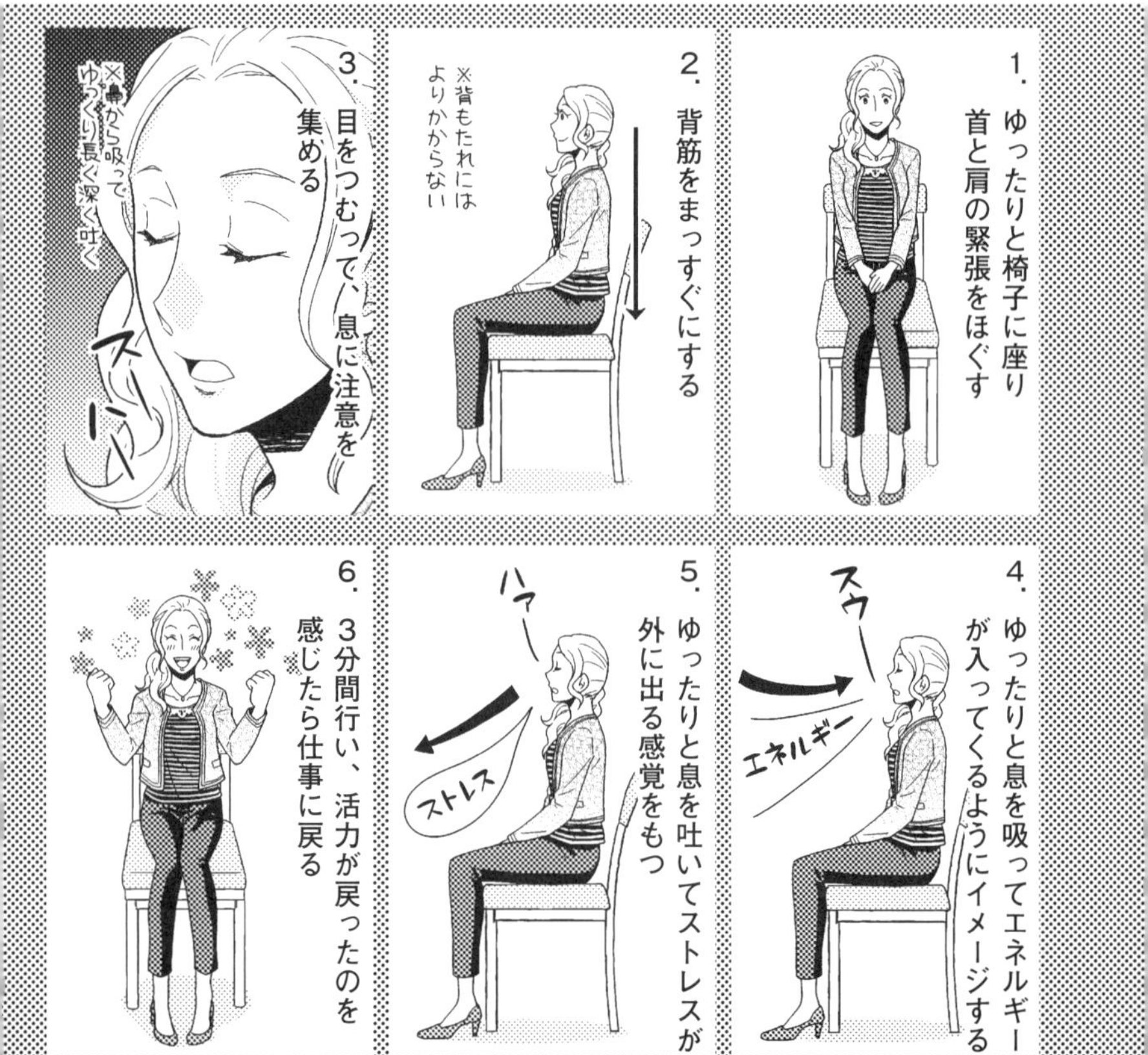
1．ゆったりと椅子に座り首と肩の緊張をほぐす
2．背筋をまっすぐにする
※背もたれにはよりかからない
3．目をつむって、息に注意を集める
※鼻から吸って ゆっくり長く深く吐く
スー ハー
4．ゆったりと息を吸ってエネルギーが入ってくるようにイメージする
スゥー
エネルギー
5．ゆったりと息を吐いてストレスが外に出る感覚をもつ
ハァー
ストレス
6．3分間行い、活力が戻ったのを感じたら仕事に戻る

うん
なんだか
落ち着いた気がします
それはよかった
あとね
適度に気晴らしを
するのもいいよ
気晴らし
…ですか？
そう
思い込み犬の
声が
気にならなくなるくらい
没頭できるものを
見つけるんだ
ワン！ワン！
グルルル…
批判犬
俺は走ることが
気晴らしなんだ
走っている間は
頭を空っぽに
できるからね
それで
よく走って
いたんだ

気晴らしの方法は
音楽を聞いたり
本を読んだり
絵や文章を書いたりと
人によるから
自分に合った
やり方を見つける
ことだね
なるほどー
ただし！
やけ食いは
気晴らしには
ならないよ！
ケーキも
ほどほどにね
ドキッ
じゃ
早めに戻りなよー
気晴らし
かぁ…

ごめん
おそーい
会社出るときにちょうど電話がかかってきて…
玲紗の彼氏　大西 優(28)
OPEN
それで…
ペラペラ
…でね!
コクン
私がね…
そうだ次の連休どこ行く?
うん
玲紗ちゃんの好きなところでいいよ

優さんって いつもそう言う
どこか 行きたいところ ないの？
つっ
そう言われても… 僕はどこでも いいし…
どこでも？
どうでもいいっていうの？
ガタッ
そ そういう わけじゃ…
それに 次の休みが いつになるか…
なあに？ また？
普通あなたが リードするところ でしょ！
ワン
ワン
正義犬
ごめん…
ぷいっ
ワン
ワン
ワン
ワン
…もういい
普通「埋め合わせはする」とか言うでしょ！
次の連休

ズラーッ
もー！聞いてよ！
ぱく
ぱく
彼ったらさー
ぱく
そうなんだ それは ひどいねー
でも…今思えば
優さんに怒ってしまったのは
自分の思い込み犬を抑えられなかっただけなのよね…
ぱく…
私はまだまだ自分の思い込み犬とうまくやれていないようね…
その日の夜
いけない また落ち込んでる
気持ちを切り替えていかなきゃ

気持ちを切り替えるには自分に合った気晴らしをするといいよ
そうだ！久しぶりにブログを書いてみよう
Guérison de gateau
ケーキバイキングを食べ歩いています☆
あのときのイチゴケーキはもう…!!
これはケーキという芸術だわ…!!
タンッ
んーこの酸味がいい!!
大人の味!!
ケーキのことを考えると次から次へと言葉が湧いてくる！
はぁ…
しあわせ…♥
いくらでも記事が書けるわ！
カタカタカタカタ
あっもうこんな時間！

翌朝――
チュン
チュン
よく寝た～
昨夜は何も考えずにぐっすり眠れたわ
すやすや
ブログがいい気晴らしになったのね
こんなに気持ちのいい朝はいつぶりだろう…
シャッ
私に合った気晴らし見つけた!
よーし今日もやるぞっ
ぐっ

思い込みとは？

01

⇩人は心の中に「色眼鏡」をもっている

私たちの心は常に自分に話しかけています。これを心理学では**「自己対話」**といいます。

普段は、優しく語りかけ、自分の意欲を高めたり、気持ちを落ち着かせて、不慣れな状況でも安心感を与えてくれます。

ところが、ストレスを感じるような問題や失敗に直面したとき、自己対話の内容がネガティブになる場合があります。これが癖となったものが**「マイナスの思い込み」**です。

物語の中の玲紗は、新しい職場での上司の態度についイライラした原因として、特定の思い込みがあったことを自覚しましたが、これは、自分自身を理解するうえで、大きな一歩です。

さらに、玲紗は、以前の職場で悩まされた元上司にも、ある特定の思い込みがあり、それがストレスの原因となっていたことにも気づきました。このように、**他者**

に対する思い込みのパターンがわかるようになると、相互理解が深まります。対人関係における大きな進展です。

このように、何か問題が起きたとき、ある特定の思考パターンが生まれ、それによって、感情的に反応をすることがあります。

ここで注目すべきは、**「捉え方」**です。

出来事はあくまで中立で、「良い」「悪い」はないものです。しかし、人によって捉え方が異なるため、同じ出来事を目の当たりにしても、その後の感情や行動に違いが生じてしまうのです。

心の中に「色眼鏡」があるとイメージしてください。私たちは、その色眼鏡を通して、出来事を解釈しています。

ただし、人によって眼鏡の色が異なるため、**同じ体験をしても捉え方が異なり、自分には何でもない出来事が、別の人にはストレスとなる場合がある**のです。

⇩「思い込み」と「感情」のメカニズム

たとえば、玲紗が職場で体験した事例を振り返ってみましょう。

【状況】上司に仕事のやり方について細かく注意された
【解釈】「上司ならもっと部下を信用すべきなのに……」と捉える
【感情】イライラして腹が立ち、怒りの感情が生まれる
【行動】不満の表情と態度が表に出てしまう

玲紗は、細かく注意する上司に、つい腹を立ててしまったのです。

これは、私も共感できます。マイクロ・マネジメントをする上司が苦手で、「なぜそこまで細かく指摘するのだろう」と嫌になることが時々ありました。

でも、同じ上司の下で働いていた私の後輩は、同じように注意をされても、「わかりました」と素直に受け入れて、まったく気にしていない様子でした。理由を聞くと「私の成長を考えて、足りないところを指摘していると思っているから」とのことでした。

また、注意をされたことで自信をなくして、「この会社でやっていけるのだろうか……」と不安で落ち込んでいるメンバーもいました。

このように、人によって捉え方が違うのです。だからこそ、感情や態度といった反応が人それぞれ異なるのです。まるで色眼鏡をかけているかのように、人は、自分自身の思い込みを通して世の中を見ています。

思い込みには、プラスのものもあれば、怒りや不安のきっかけとなるマイナスのものもあります。

また、思い込みは、過去の経験により、記憶に刷り込まれたものです。もし、大切な人と別れた辛い経験や大きな失敗をした体験、失望、絶望した出来事があった場合、マイナスの思い込みがつくられてしまうこともあるでしょう。

⇩感情をコントロールするために

感情的な人ほど、このマイナスの思い込みによって頭の中が支配されてしまいがちです。その結果、衝動的な行動が生まれ、自分でもコントロールできずに困ってしまうのです。

ネガティブ感情の悪循環に陥らないためには、そのしつこい感情の原因となるマイナスの思い込みを自覚することが大切です。そのうえで、理性的に対処するのです。

それが感情コントロール上達の第一歩です。

思い込みを手なずける

02

7つの種類のマイナスの思い込み

心理学者のイローナ・ボニウェル博士は、マイナスの思い込みを7種類に分類しました。わかりやすく覚えられるように、それぞれに「犬」の名前をつけています。これは、レジリエンス・トレーニングでも活用されている方法です。

犬の名前をつけたもうひとつの理由は、「たまたま自分の心の中に〝思い込み犬〟が住みついてしまっただけだ」と気軽に感じられるようにするためです。

それはただの思い込みにすぎず、自分の生まれもった性格ではないと捉えると、受け入れやすくなると感じませんか？

皆さんの心の中にも、過去の人生のどこかで住みついた「思い込み犬」が何匹かいるはずです。問題に直面すると、心の中でワンワンと吠え出し、胸をざわつかせ、ネガティブ感情を発生させ、問題行動の引き金となってしまうのです。

思い込み犬は誰もが飼っているものです。しかし、その**「思い込み犬」をどう扱うかは、皆さん次第**なのです。

以下では、それぞれの「思い込み犬」を見ていきましょう。

⇩正義犬(べき思考)

この思い込みは、「こうすべき」という考えが過剰であることが特徴です。玲紗の頭の中にも、この「正義犬」が住んでいました。この「べき思考」には、次のような考えが頭の中でくり返され、自分の意見を曲げたがらない頑固さがあります。

- **「それはやるべきじゃない」**
- **「それは不公平だ」**
- **「その考え方は間違っている」**

その結果、相手に対してイライラし、怒りや嫉妬などのネガティブ感情が、つい表に出てしまうのです。

「べき思考」の持ち主は、相手に対しても「こうあるべきだ」と強い考えをもち、その期待に沿わない人の態度にイライラしてしまうのですが、特に相手にも同じ「正義犬」の思い込みがあると、人間関係が悪化してしまいます。玲紗の場合、上司の頭の中にも「正義犬」が住んでいたため、お互いに苛立ちがヒートアップしていました。

子育てに関しても、「こうすべきだ」という思い込みが強い親は、子どもに対するイライラが収まらないことがあります。さらには、自分に対するハードルも高いため、雑誌の記事で大学の先生が「こうしなさい」と勧めていることをできない自分に苛立ち、心が折れそうにな

正義犬（べき思考）

「こうあるべきだ」という強い考えをもち、その期待に沿わない人の態度にイライラしてしまう

口ぐせ

「それは～べきだ」

「不公平だ」

「その考え方は間違っている」

ることもあります。

「正義犬」があまりにもしつこく吠える場合、思い切って捨ててしまうことも必要でしょう。

⇩負け犬（減点思考）

自分のできないことや足りない点が気になって、自信をなくし、悲しみや憂鬱感、恥ずかしさなどのネガティブ感情を生む**減点思考の思い込み**が「負け犬」です。

この思い込みをもつ人は、以下のような口癖があります。

- **「自分は役に立たないダメな人間だ」**
- **「ほかの人は自分よりもよくできる」**

負け犬（減点思考）

自分のできないことや足りない点が気になって自信をなくし、ネガティブな感情を生む

口ぐせ

「自分は役に立たないダメな人間だ」

「ほかの人は自分よりよくできる」

「こんなこともできない自分が情けない」

・「こんなこともできない自分が情けない」

物語では、新しい職場での仕事に慣れない玲紗の頭の中には、この思い込みがしつこくくり返され、夜も眠れないほどに心が疲れる原因となっていました。

この思い込みにとらわれると、「もし失敗すると、ほかの人から笑われてしまうのではないか」、「悪い評価を受けるのではないか」と気になってしまいます。他人の目を過剰に意識して、できるだけ失敗を避けようとするのです。

また、うまくいかない場合は、「自分はダメだ」と卑下し、ますます自信をなくしてしまいます。同僚と自分を比較して劣等感を抱くこともあるでしょう。

自分が周りよりも劣っていると感じると、自己肯定感を下げ、周りと比較されることを極度に恐れるようになります。人前で自分の意見を発表したり、プレゼンをしたりする仕事を避けるようになることもあるでしょう。または、準備に時間をかけすぎて、行動に移せないジレンマにも陥るかもしれません。

私は**「負け犬」の思い込みの最大のデメリットは、自信がもてずに行動を回避してしまうこと**にあると考えます。大きなチャンスがあっても、「できません」と断ってしまっては、自分の実力を発揮することもできず、成長にもつながりません。

心の中の「負け犬」が内面的な障害となり、自己成長を放棄してしまうのです。
そんな役に立たない思い込みであれば、捨ててしまったほうがいいかもしれません。

⇩心配犬（悲観思考）

この思い込みは、将来のことを憂い、今後もうまくいかないのではと心配させてしまいます。何かうまくいかないことがあると、これからも失敗するだろうと不安になってしまうように、悲観的な考え方が癖になっているのです。

不安が自分の能力への不信を呼び、将来に対する希望や自信を失ってしまうのです。

- **「すべてうまくいかない」**
- **「きっと問題はほかにも広がる」**
- **「この人と付き合って、これからも大丈夫だろうか……」**

こうした不安を感じることが癖になっている人は、少なくありません。
ある調査での、職場におけるストレスの主要な原因は「人間関係」、「緊張の高い仕事」、「過剰な労働」の3つでしたが、それらに続くものとして「会社の将来性」、「定年後の仕事の問題」、「昇進・昇給の問題」といったことがあげられていたことからも、今後のことが心配になり、ストレスを感じている人がいることがわかります。

特に先のことを予測する仕事に従事している人は、過去・現在・未来という3つの時間軸のうち、未来について考えることが多くなりがちですが、ネガティブな未来を予測してしまうと、悲観思考が癖になることがあります。

たとえば、経理や財務、法務や安全管理などの職務においては、「心配犬」が思い込みの癖となることがあります。先

心配犬（悲観思考）

将来のことを憂い、今後もうまくいかないのではないかと心配させてしまう

口ぐせ

「どうせうまくいかない」

「きっと問題はほかにも広がる」

「本当に大丈夫だろうか……」

のことを心配するほうが、仕事では役に立つからです。

しかし、「心配犬」の思考の癖をプライベートに持ち込んでしまうと、家計や子どもの教育に対して必要以上に心配することもあり、ときには家族に迷惑をかけてしまうので注意が必要です。

⇩諦め犬（無力思考）

やりたいことを挫かせるマイナスの思い込みがこの**「無力思考」**の大きな特徴です。

「諦め犬」が頭の中に住んでいると、何か問題があったとき、自分でこの状況をコントロールすることはできないと、「根拠のない決めつけ」をする癖が出て

諦め犬（無力思考）

問題に直面すると、「自分ではこの状況をコントロールできない」と決めつけてしまう

口ぐせ

「きっとうまくいかないから、やめたほうがいい」

「自分の手には負えない」

「諦めるなら早いほうがいい」

しまいます。
心の中では、次のような言葉がくり返されています。

・**「きっとうまくいかないから、やめたほうがいい」**
・**「自分の手には負えない」**
・**「諦めるなら、早いうちだ」**

この思い込みが癖になると、漠然とした不安や憂鬱感、無力感や疲労感などのネガティブ感情を生み出します。行動への意欲を低下させ、新しいチャレンジをする前に諦めてしまうのです。

⇩謝り犬（自責思考）

この思い込みをもつ人の多くは、何か失敗したときに、その原因を「自己関連づけ」して自分を責めて、つい謝ってしまうという特徴があります。

物語の中では、玲紗の彼氏がこの「謝り犬」を心の中に飼っています。**自信のない人の典型的な態度**です。

このマイナスの思い込みをもつ人の口癖には、以下のものがあります。

・「自分の責任で失敗してしまった」
・「人に迷惑をかけたのは私のせいだ」
・「これでは○○○として失格だ」

この自責思考は、真面目でがんばり屋な人にありがちな思い込みです。責任感をもちすぎて、過剰に自分を責めてしまうと、罪悪感や羞恥心などのネガティブ感情が生まれ、自分の価値が下がり、仕事でのパフォーマンスが落ちてしまいます。

失敗の理由が自分ひとりの責任であることは稀です。周囲の人との共同責任で

謝り犬（自責思考）

自分に自信がなく、失敗すると、その原因を自己関連づけして過剰に自分を責めてしまう

口ぐせ

「失敗したのは私のせいだ」

「あの人に迷惑をかけたのは私のせいだ」

「これではビジネスパーソンとして失格だ」

あることもあれば、環境に恵まれていなかったこともあるからです。

ただ、失敗体験などで頭がカッとなりパニックに近い状態になると、現実的な物の見方ができなくなります。心の中で「自分のせいだ」と「謝り犬」が吠え続け、冷静な捉え方が難しくなってしまうのです。

⇩批判犬（他責思考）

予期せぬ問題が生じると、自分を過度に責める自責思考の「謝り犬」に対して、他人を非難、批判しがちなのが、**他責思考**の「批判犬」の思い込みの持ち主です。

頑固で意見を容易に変えられず、曖昧な状況に耐えることができません。物事を極端に考えがちで、白黒はっきりさせたい欲求が強く、他人の態度や行動に我慢できないのです。

「批判犬」をもつ人は、以下のような考えが頭の中でくり返されます。

- **「自分は悪くない、相手に問題がある」**
- **「うまくいかないのは相手のせいだ」**
- **「もっと注意深く行動しなければいけない」**

この思い込みの問題は、主にふたつあります。

まず、**周りに対して怒りをぶつけてしまい、それが対人関係を破壊してしまう**ことです。他責思考が過剰になると、人に対して寛容でいることができません。上司であれば、なかなか一人前になれない部下に苛立ちを感じ、親であれば子どもの成績やスポーツ、習い事で実力が伸びないことにイライラしてしまうでしょう。その結果、**相手との関係が悪化するだけでなく、やる気と自信を失わせてしまう**のです。

もうひとつが、批判の矛先が自分に向けられる場合です。これを**「自己批判」**

批判犬（他責思考）

問題の原因は他人にあると捉え、非難、批判する
批判の矛先が自分に向けられ、自分にイライラしてしまうケースもある

口ぐせ

「私は悪くない」

「うまくいかないのは相手のせいだ」

「もっと注意深く行動しなければならない」

と呼びます。自分自身に対して批判的になると、「なぜこんなこともできないんだ」と自分にイライラしてしまいます。罪悪感や羞恥心ではなく、自分への不満や苛立ちが顕著になる点が、自責思考の「謝り犬」との違いです。

自己批判が習慣になると、怒りの感情により「怒りホルモン」と呼ばれるノルアドレナリンが過剰になり、血圧が上昇し、動脈硬化が進行して、血管の詰まりを引き起こし、脳梗塞や心筋梗塞などのリスクを招くこともありますので、警戒が必要です。

⇩無関心犬（無責思考）

トラブルが起きても「我関せず」の立場をとり、**「この問題は自分には関係ない」**と考える**無責思考**が、「無関心犬」という思い込みに分類されます。

この対応は、ある意味で「開き直り」とも言えます。自責で悩むほど真面目でもなく、他人を責めるほど批判的ではないのですが、問題があっても「自分には関係ないから」と無責任でいるのです。

- **「焦っても仕方がない」**
- **「なんとかなるんじゃないの」**

・「自分には関係がないから勝手にやったら」

このような思い込みをもつ人は、面倒なことを避けようとし、失敗をしても責任の所在に無関心な態度をとります。厄介な問題に自分が巻き込まれることを嫌がり、一歩引いた態度をとるのです。

この思い込みが癖になると、何事に対しても意欲が高まらず、疲労感が慢性化してしまいます。厄介な人間関係を避け、興味のない会議を欠席し、問題の起こりがちな面倒な仕事を断ることがあるため、社会人としての態度に疑問をもたれてしまう場合もあるでしょう。

無関心犬（無責思考）

トラブルが起きても「我関せず」の立場をとり、「この問題は自分には関係ない」と考える

口ぐせ

「焦っても仕方ない」

「なんとかなるんじゃないの」

「自分には関係ないから勝手にしたら?」

⇩自分の思い込みに気づくには

以上、ネガティブな感情を引き起こすきっかけとなる7種類のマイナスの思い込みを説明しましたが、皆さんの心の中にある「思い込み犬」を見つけることはできたでしょうか？

まずは自分の思い込みのパターンを自覚することが、思い込みを手なずける最初のステップです。

とは言え、思い込みはなかなか認識しづらいものです。なぜなら、思考は瞬間的なもので、心の中ですぐに流れてしまうからです。

自分の「思い込み犬」を自覚するためには、**ネガティブな感情のパターンに気づく**ことが必要です。感情は強く心に残るので、観察すればすぐにわかるはずです。その感情から、「思い込み犬」を逆算して見出します。

次のページにネガティブ感情と思い込みの対照表をまとめますので、参考にしてください。

ネガティブ感情の原因となる「マイナスの思い込み」

思い込みタイプ	考え方の癖	ネガティブ感情
正義犬	べき思考	怒り・嫉妬
負け犬	減点思考	悲しみ・憂鬱感・羨望
心配犬	悲観思考	不安・怖れ
諦め犬	無力思考	不安・憂鬱感・無力感
謝り犬	自責思考	罪悪感・羞恥心
批判犬	他責思考	怒り・不満・憤慨
無関心犬	無責思考	疲労感

03 思い込み犬に対処する3つの方法

マイナスの思い込みに対処する

マイナスの思い込みを自覚したら、次は、その思い込みに主体的に対処することです。ここでもあくまで主体は皆さん自身で、思い込みはたまたま心に住みついた「犬」にすぎないと考えましょう。それが、思い込みで頭がいっぱいになって、自分と一体化しない秘訣でもあります。

思い込み犬の対処法には、主に次の3つの選択肢があります。

「追放」する

まずは、「追放」です。それが役に立たない「損な思い込み」であれば、これからずっと足を引っ張り続けます。いざというときに不安になり、強気な態度をとることができません。いつまでたっても弱気なままでしょう。

その場合は、**思い切ってその「思い込み犬」を手放してしまう**のが賢明です。

後天的に刷り込まれたものは、意志の力で捨てることができるのです。これを**「学習棄却」**といいます。パソコンの不必要なファイルを削除するように手放しましょう。

具体的な方法としては、心の中で思い込み犬と自分をつないでいる鎖をイメージして、その鎖をもつ手を開いて手放してしまうのです。

その後は、思い込み犬が何を吠えようと、気にしないでいましょう。それはもはやあなたの飼っている犬ではありません。ただの野良犬ですから無視するのです。

⇩「受容」する

次の選択肢が「受容」です。その思い込み犬が言っている内容が現実的な場合は、その言葉を受け入れるのが合理的です。一度受け入れたら、その後は気にしません。そうすれば、心の迷いも気持ちの動揺も起こらないでしょう。

⇩「訓練・手なずけ」

最後の選択肢が**「訓練・手なずけ」**です。縁を切るのも、全面的に受け入れるのも躊躇する場合は、「これからも付き合っていこう」と心に決めて、思い込み犬が過剰に吠えているときにはうまく手なずけるようにするのです。

手なずけるためには、その思い込みに対して柔軟に捉えることが大切です。たとえば、次の3種類の問いかけが効果的でしょう。

【別の選択】
「ほかの見方はないか」とあらゆる原因の可能性を検討する
【発想の転換】
「それに何の意味があるのか」と考えを切り替える
【検証】
「変えられる側面はないか」と詳細に検証する

どの方法を選ぶかに正解はありません。

自分にとって納得のいくものであればいいのです。

大切なポイントは、その思い込みが「たまたま自分の心の中に住みついた犬だ」と考えて扱うことです。それはただの思い込みであり、自分の性格ではないのですから、必ず対処できるはずです。早速、試してみてください。

「思い込み犬」に対する3つの選択肢

	**①追放** ・犬の意見が理不尽で証拠がない場合 ・犬の言葉が疑わしく、信用できそうにない場合
	**②受容** ・犬の意見が現実的で証拠がある場合 ・犬の言葉を受け入れ、信用できそうな場合
	**③訓練・手なずけ** ・犬の言葉を信じて良いかどうかわかりづらい場合 ・別の見方が可能な場合

Part 3

社会的支援を得る

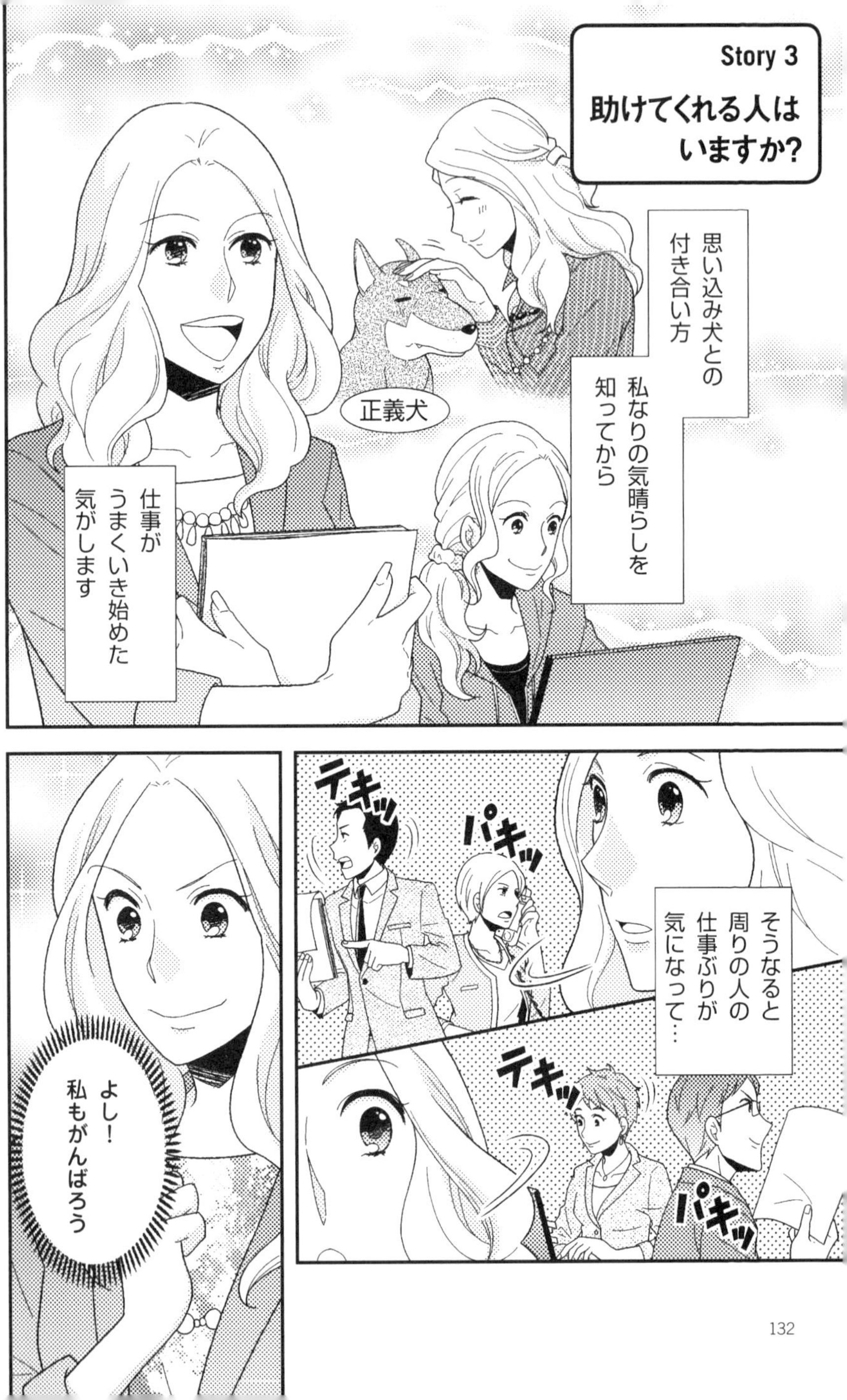
Story 3
助けてくれる人はいますか?
思い込み犬との付き合い方
私なりの気晴らしを知ってから
正義犬
仕事がうまくいき始めた気がします
テキッ
パキッ
そうなると周りの人の仕事ぶりが気になって…
テキッ
パキッ
よし! 私もがんばろう

須藤さん これお願い
はい!
ドーン
須藤さん ちょっと頼むわ
はい!
ドドン
うわ〜っ!
ちょっと引き受けすぎちゃったかな!

あれ 今日までなんだけど
えっ？
すみません すぐやります！
お願いしてたのまだ？
今日中にまとめます！
あ～ 今日も残業だわ
ハァ なんでこうも仕事が遅いんだろう…

ほかの社員は同じ量をテキパキこなしているのに
これくらいで音を上げたらダメでしょ…
ワウ～ン
負け犬
須藤さん何か手伝おうか？
「こんな量の仕事もさばけないの？無能ね」って思ってる顔してる
ワウ～ン
ここで助けてもらったら
仕事ができない女って思われるんじゃ…
だ
大丈夫ですっ！

須藤さん
ひ〜〜〜
ポーン
ちょっと仕事をため過ぎなんじゃない？
はっ
大丈夫ですできますから
須藤さんちょっと
グッ
あっ
須藤さんはこれ以上無理よほかをあたって
ははいっ！

斉藤さん！勝手に断らないでください！
上司命令よ
これ以上の仕事は引き受けないで
だいたい私が頼んだ仕事だって遅れているじゃないの
ぎくっ
まずは今の仕事をきちんとしなさい
いろいろやりたいのはわかるけど一人で抱えすぎよ
……っ
正義犬
上司なら部下に任せるべきでしょ！
そもそもあなたが仕事に細かく口出しするから時間がかかっているのに！

チッ チッ チッ チッ
カタ カタ
コンコン
ケーキちゃん
ちょっと休憩しよう
美味しい
ケーキがあるよ
ケーキ!!
食べます
食べます!
いただき
ま～す♡
しあわせ
仕事を
たくさん抱えて
大変だって?
む

斉藤さんが俺にまで言ってきたよ
ふん
もう…余計なことを…
斉藤さんはケーキちゃんのことを心配しているんだよ
……
で実際のところは？
…まあ…ちょっと大変…かも…？
ピタ
誰かに手伝ってもらえない？
先輩まで私のこと仕事できないって思ってる…！
ワウ〜ン…
負け犬
これは私の仕事なんです！一人でできます！
ガタッ

そう
ところで話は変わるんだけど
はい？
ケーキちゃんって大切な人何人いる？
突然!?
えっ？
俺にはね
この人が助けを求めていたら何を置いても駆けつけると
決めている人が5人いるんだ
5人…？
少な いや 多いの？
そう
片手で数えられるからね

その中に
ケーキちゃんも
入っているよ
えつ?
だから…
何か困ったことが
あったときは
俺に助けを求めて
欲しいんだよね
そして
ケーキちゃんにも
そんな大切な人を
ピックアップして
欲しいんだ
私にとって
大切な人たち…

きっと いるはずだよ
不安や悩みを 相談できる人
一緒にいるだけで 安心できる人
役に立つ情報を くれる人
ケーキちゃんには もっとみんなを 頼ってほしいな
みんな君の 力になりたいと 思っているんだから
私そんなに 頼っていません でした？

うん
この間だって…
大丈夫ですっ！
ぷぃっ
須藤さん何か手伝おうか？
はは
…そうでした…
どうして素直に頼れないんだろう…
はー…
その答えはケーキちゃんの中にあるはずだよ

私の中に…？
カタカタカタカタカタ
私ひとりでやらなきゃ…！
みんなはテキパキ仕事をこなしてるのに…
ハッ
私はみんなのようにできない…
どうして…
どうして…？
がばっ

それは
当たり前だよ
ケーキちゃんは
転職したばかりで
まだ仕事に慣れて
いないじゃないか
周りよりも
仕事ができなくて
当然だよ
バッ
えっ?
当然…
ケーキちゃんは
自分と周りを比べて
自分は仕事ができないと
自信をなくしていた
だけなんだよ

でもよく考えてごらんそれは…
私は仕事ができない…無能にちがいない…
なんでみんなのようにできないんだろう…
負け犬
あっ
思い込み犬！
そういうこと

翌日
ぺこっ
昨日はすみませんでした
あれから考え直したのですが…
びっくり
やはり今の仕事の量は私には多すぎたみたいです
少し引き受けてもらえますか？
はーっ
まったく…
キーゅ
にや
やっと言ったわね

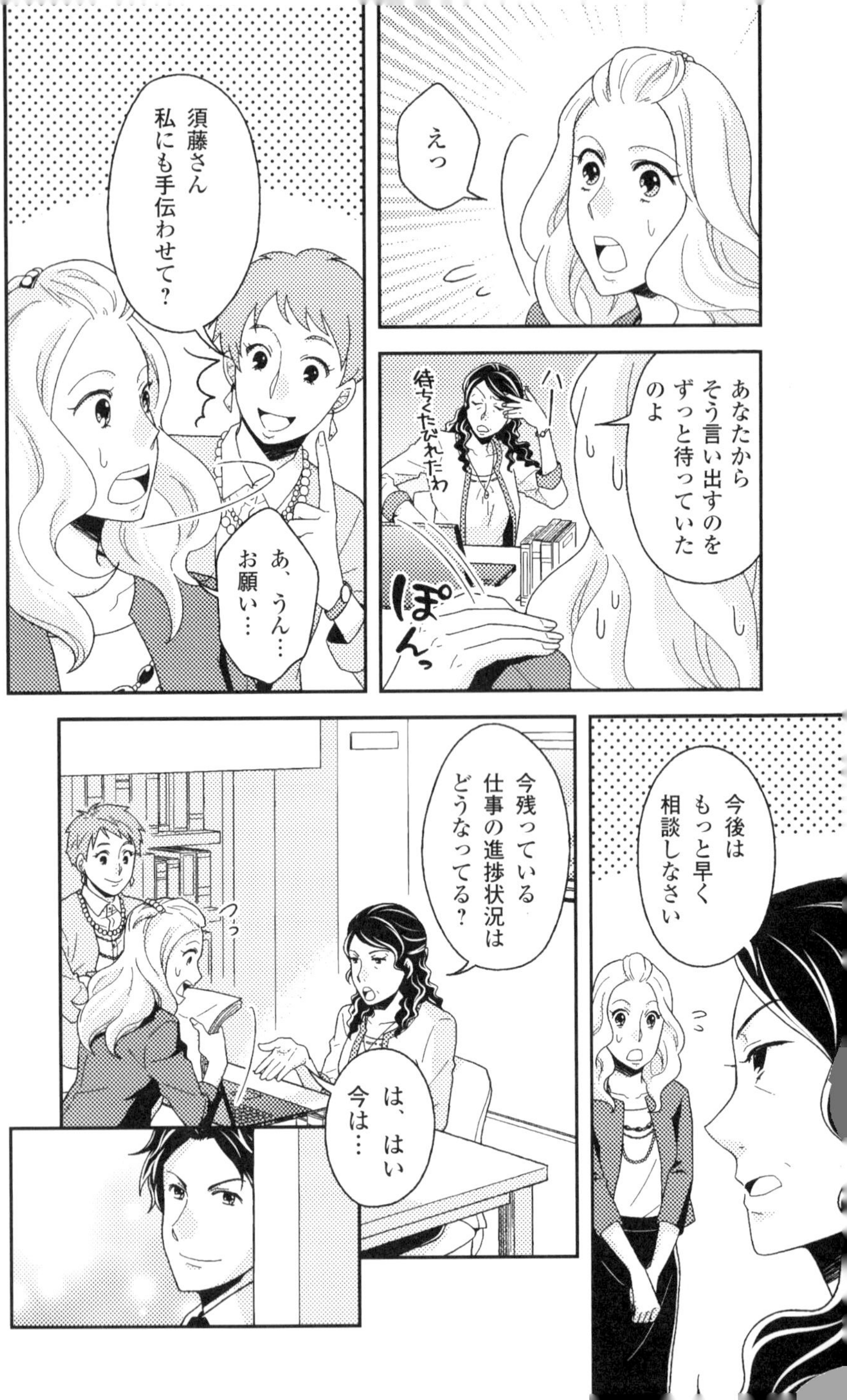
えっ
あなたからそう言い出すのをずっと待っていたのよ
待ちくたびれたわ
ぽんっ
須藤さん私にも手伝わせて？
あ、うん…お願い…
今後はもっと早く相談しなさい
今残っている仕事の進捗状況はどうなってる？
は、はい今は…

周りと比べて
劣等感をもつのをやめ
素直に力を借りることが
できるようになると
不思議なことに
これまで以上に
仕事がうまくいくように
なりました
休日
Cafe
OPEN
カチャ
カチャ
仕事の調子は
どう？

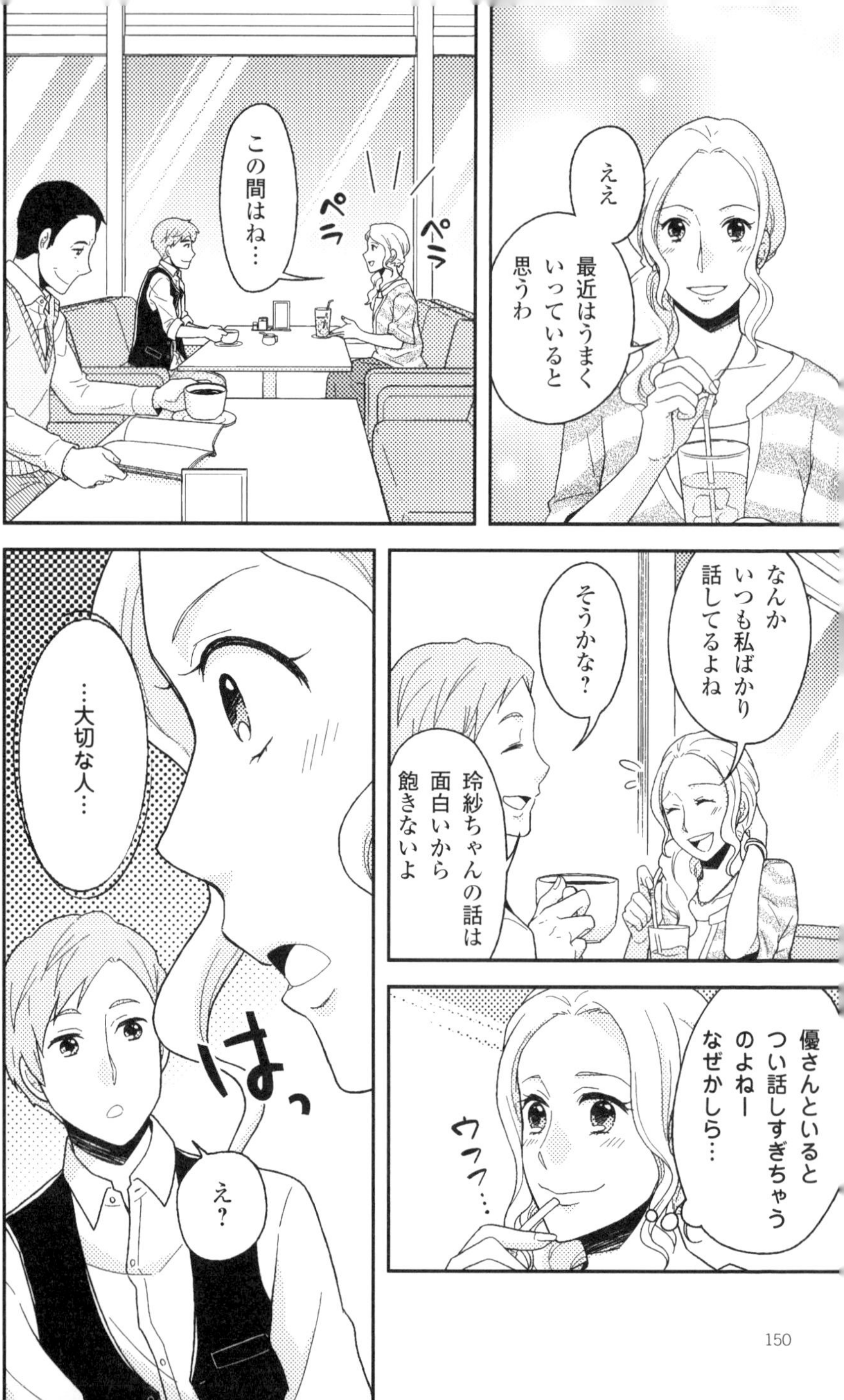
ええ
最近はうまくいっていると思うわ
ペラ
ペラ
この間はね…
なんかいつも私ばかり話してるよね
そうかな？
玲紗ちゃんの話は面白いから飽きないよ
優さんといるとつい話しすぎちゃうのよねー
なぜかしら…
ウフフ…
…大切な人…
はっ
え？

きっと
いるはずだから
不安や悩みを
相談できる人
役に立つ情報を
くれる人
一緒にいるだけで
安心できる人
?
大切な人…
私にもいる…

私が おしゃべりなのは
優さんと 一緒にいると 安心するからなの
ボッ
どっ
どうしたの 急に…
いつも 私の話を 聞いてくれて
支えてくれていた 優さん
ありがとう

れ…玲紗ちゃん…
ケ…
す…
…ケーキ頼もうか
──その日の夜

たまには優さんを誘って行ってみようかな…
デザートブッフェ
□△ホテル
ピロリン♪
22:35
大西優
Re:待ち合わせ
あら ウワサをすれば 優さんからだわ
やだぁ♥
さっきまで一緒だったじゃない
の…

hardbank
22:37
詳細
<戻る
大西 優
今、父が倒れたと連絡があって
これから急ぎ香川の実家に帰る
また連絡する
えっ…

01 なぜ人に頼ることができないのか？

⇩人に頼れない外的要因と内的要因

感情コントロールとマイナスの思い込みの対処法を覚え、レジリエンスの基礎を身につけた玲紗ですが、仕事をひとりで抱え込みすぎてパンク寸前になっていました。

責任感が人一倍強い玲紗のような人は、周りの助けを得ようとせずに、がんばりすぎてしまう傾向があります。

そんなとき、失敗したり、トラブルが起きると大変です。周りに頼らず、自分だけで解決しようとして、ストレスを重ねてしまいます。そして、真面目な人ほど、心が折れそうになってしまうのです。

では、なぜ人に頼りづらいのでしょうか。

そこには、環境という外的要因と本人の内的要因があります。

⇩「助け合いのない職場」の3つの特徴

まず、外的要因について考えてみましょう。

中には、誰かが仕事で辛い状況にあっても、見て見ぬ振りをしたり、気にしないでいたりする職場があります。そうした「助け合いのない職場」には、次のような3つの特徴があります。

・ストレス度が高い

特に職場での人間関係がギスギスして、対人ストレスが感じられる

・風通しが悪い

会話が少ないだけでなく、人の動きも少なく、社員の異動や入れ替わりが滞っており、固定的な組織となっている

・思いやりの態度が見られない

ほかの社員の仕事ぶりに関心がなく、社員同士が気にかけ合うこともない組織内の仲間意識が乏しい

お互いを気にかけない職場では、どれだけハードに仕事をしても、人から認められることはありません。そのため、社員は無気力・無関心になり、一所懸命に働く人が損をするようになります。

結果として、真面目な人ほどメンタルが消耗し、燃え尽きることがあります。社員のつながりの希薄化は、メンタルヘルスに悪影響を及ぼすのです。

ある調査では、メンタルヘルス問題が増加傾向にある職場の特徴として、**「コミュニケーションが少ない」**、**「社員同士の助け合いが減った」**、**「個人で仕事をする機会が増加している」**などの変化が起きていたことがわかりました。

⇩「思い込み」が人との関わりの障害になる

忙しく困っていても周りに助けを求められないことの背景には、内的な要因もあります。**本人の心の中にあるマイナスの思い込みが、助力を求める妨げになっているのです。**

たとえば、「謝り犬」という自責思考の強い思い込みの持ち主は、何かトラブルがあったとき、「これはすべて自分に責任がある」と捉えてしまい、人に助けを求めようとしません。失敗をしても、「みんなに迷惑をかけてしまって申し訳ない」と反省し、心の中で「ごめんなさい」とつぶやいて、個人の力で償おうとします。

また、「負け犬」という減点思考の思い込みの持ち主は、自分と他者が比べられることを恐れるため、ミスをしても人に知られる前に隠そうとします。「君はダメだねえ」と他人に判断され、劣等意識を感じることを避けようとするからです。


どちらも、根本的な問題は、本人の**自己肯定感の低さ**にあります。

うまくいかないことや失敗したことは、たまたま起きた一時的なことなのです。しかし、「謝り犬」や「負け犬」の思い込みをもつ人は、それが自分の立場や能力を「否定」すると思い込んでしまうのです。

玲紗が周りに頼れず、仕事を抱え込んでしまったのは「負け犬」の思い込みが原因だった

社会的支援を得る

02

質の高い人間関係を築く

前項で解説したマイナスの思い込みに対処するためには、自分を認め、沈んだ気持ちを共感してくれる人との関係が大事です。

私は、そうした人を**「サポーター」**と呼んでいます。自分の味方になり、心の支えとなり、ときに叱咤してくれる人です。

サッカーでは「フィールド上には11人の選手がいるが、12人目の選手である『サポーター』の励ましが、勝利のための力となる」と言われます。実際、サポーターに応援されるホームでの勝率は、敵地のアウェイよりも高いのです。

サポーターを見出し、普段から質の高い人間関係を築けるかどうかが、逆境に直面したときに物を言います。

レジリエンスの研究では、**精神的な落ち込みからの立ち直りが早い人ほど、周り**

に心の支えとなる人の存在があることがわかっています。

これを**「社会的支援」**といいます。苦しいときこそ、誰かの助力が必要となるのです。

サポーターは職場での上司や同僚に限りません。学生時代からの親友や大学の恩師、両親や兄弟、信頼できるカウンセラーなども含まれるでしょう。たとえば、私がよく知る中小企業の社長は、公認会計士を大切なサポーターとしていて、会社では話せない後継問題などの相談をしているといいます。

⇩5人のサポーターを見つけよう

「助けを求められても迷惑に感じるのではないか」と思う人もいるでしょう。しかし、たいていの場合、相手は頼りにされたことをむしろ誇りに感じるものです。

また、「人の助けなしでも自分で何とかできる」と考える人もいるかもしれません。何を隠そう、以前の私がそうでした。何でも自分で解決できると傲慢な態度でいたのです。当時の私には、サポーターがひとりもいませんでした。そして、自分ではどうにもならないほどの仕事の問題に直面し、心が折れそうになってしまったのです。

当時の痛い経験があるので、皆さんに、「自分のサポーターとなる人を、少なくとも5人もつべきです」と伝えています。

5人というのは、あくまでも目安の数字です。ただし、ひとりではいざというときに助けを得るのに少なすぎますし、5人よりも多くなるとお互い助け合う関係をもつには、多すぎるかもしれません。

また、サポーターは、**「助力」**、**「情報」**、**「助言」**、**「親密」**という4つに分けられます。大変な経験をしたときに助けてくれるのが「助力」、困ったときに情報を提供してくれるのが「情報」、問題に直面したとき有用なアドバイスやガイダンスを与えてくれるのが「助言」、つらいとき一緒にいるだけで安心できるのが「親密」といった具合です。

皆さんも、次のワークシートを使って、自分にとって大切な5人の存在を考えてみましょう。

サポーターを見つけよう

次の問いに答え、全部で5人のサポーターを見つけましょう。

問1 大変な経験をしたときに、助けてくれる人は誰ですか?

問2 困ったときに、情報を提供してくれる人は誰ですか?

問3 問題に直面したときに、有用なアドバイスやガイダンスを与えてくれる人は誰ですか?

問4 つらいときに、一緒にいるだけで安心できる人は誰ですか?

サポーターリスト

1. ______________________

2. ______________________

3. ______________________

4. ______________________

5. ______________________

03 レジリエンスの高い組織をつくる

いい職場の条件とは？

お互いが助け合いの関係で結ばれる組織は、そこで働く社員一人ひとりのレジリエンスが高まるだけでなく、組織としても打たれ強くなります。

困難に直面しても短期的に立ち直り、逆境を乗り越えることができるのです。

そうした組織に共通しているのが、社員同士の**「質の高いつながり」**です。グローバルの厳しい競争の中で生き残り、業績が向上し、働きがいのある組織は、社内のつながりの質が高いことが、ミシガン大学ビジネススクールのジェーン・ダットン博士の研究でわかっています。質の高いつながりには、その関係性がたとえわずか一瞬のものでも、活力が湧いて元気になるという特徴があります。そんな関係が持続する職場であれば、素晴らしいですね。

質の高いつながりをつくるには、４つの要素が必要です。この考え方は、家庭やプライベートな関係でも活用できます。次項でそれぞれ詳しく見ていきます。

質の高いつながりを形成する4つの要素

❶ 助け合いのある関わり

相手の仕事がうまくいくように、手助けをする

❷ リスペクトのある関わり

他者の自己価値を高める言葉や態度をもって積極的に接する

❸ 信頼性のある関わり

期待を満たすことができ、頼りになると信じていることを相手に伝える

❹ 遊び心のある関わり

愉快さを生み出すような活動を行う

質の高いつながり

（出典：Dutton, J. 2014）

質の高いつながりをつくる4つの要素

04

⇩助け合いのある関わり

前のページでご紹介したように、質の高いつながりは、4つの関わりによって成り立っています。

まずは、**「助け合いのある関わり」**です。

つながりの質の高さは、平時よりも逆境でその効果が発揮されます。相手が助けを必要としているときに、タイミングよく思いやりをもって接することが大切なのです。

そこで欠かせないのが**「プレゼンス」**。つまり、**その場にいること**です。信頼できる相手が目の前にいるだけで安心するからです。

そういう意味では、遠く離れた場所で電話を通してつながるだけでは、本当の助けにはならないと言えるでしょう。

⇩リスペクトのある関わり

次が、**「リスペクトのある関わり」**をもつことです。

皆さんが誰かと関わるとき、相手が自己価値（リスペクト）を感じられるような態度をとっているでしょうか。

もし相手がリスペクトを感じられないのだとしたら、それは目の前にいる相手に注意を払っていないからです。相手の存在を軽視、または無視してしまっているのです。

たとえば、部下が上司のデスクを訪れて大事な仕事の報告や相談をしているとします。そのとき、上司がスマートフォンの画面をチラチラと見ていたとしたら、部下はどう感じるでしょうか。気分が落ち着かないだけではなく、「私は大切に扱われていない」と感じることでしょう。これは、上司が部下をリスペクトしていないことの表れなのです。

会議の席でも同じようなケースが見られます。話し手ではなく、手元のパソコンの画面や資料を見ている人は、話し手へのリスペクトが足りず、質の高いつながりをもてません。

相手を尊重するには、まずは「ながら」で話を聞くのではなく、**注意を100%相手に向けて傾聴する**ことです。

⇩信頼性のある関わり

３つめが、**「信頼性のある関わり」**をつくることです。

信頼関係を築くには、ふたつのポイントがあります。

まずは、**「誠実さ」**を示すことです。誠実さとは、その人の**言っていることと行動に一貫性があること**です。話すことと行動が一致している「有言実行」は、誠実さの表れです。

ところが、言うこと、話すことが相手によってバラバラであったり、偉そうに宣言したことをいつまでたっても実行できなかったりする「有言不実行」の人がいます。これがくり返されると、相手との信頼関係が失われ、つながりの質が損われてしまうでしょう。

相手に対する信頼を言葉と行動によって示すことも大切なポイントです。もしかしたら、これは多くの人にとって盲点になっているかもしれません。

私自身、会社で働いていたとき、「なぜ上司は自分のことをもっと信頼してくれないのだろう」と不満に感じることがありました。「もっと自分のことを信頼して、細かく仕事を監視せずに、任せてくれたらいいのに」とマイクロ・マネジメントをする上司にイライラすることがあったのです。物語の玲紗と同じですね。

しかし、今ではその一因は自分自身にあったと考えています。上司を信頼していることを意識的に伝えようとしていませんでした。受け身の態度でいたのです。

本当に信頼関係を構築したければ、まずは自分から信頼を示すことが大切なのではないでしょうか。

⇩遊び心のある関わり

そして最後が、**「遊び心のある関わり」**です。

質の高いつながりを育むには、イベントに一緒に参加したり、ゲーム感覚で共通のゴールに向かったりする共同作業が有効です。悩み事を吹き飛ばせる**心理的軽快感**を生み、**相互理解の深まりとチームワークの向上**にもつながります。

社員の幸福度を重視する企業として有名な、長野県伊那市にある優良企業「伊那食品工業」では、年に一度の社員旅行が一大イベントとなっています。約半年前に目的地が決まり、全社員を複数の班に分けて計画づくりが行われ、当日の夜はホテルで大宴会。多額の費用を必要とするイベントですが、社員のつながりの質が高まり、顔と名前が一致する協働の機会となるため、継続して行われているといいます。

ほかにも働きがいが高いと評されるＩＴ系ベンチャー企業などでは、昭和時代の大企業さながらの社員運動会やクラブ活動が真剣に行われています。こうした活動も遊び心を発揮し、質の高いつながりをつくります。そして、「この会社の一員でいてよかった」という誇りを生み、優秀な社員の定着率を高めることに寄与しているのです。

このように、質の高い関係を築くために、楽しく、遊び心が生まれるようなことを一緒に行うことの効果は絶大です。

以上、質の高いつながりをつくるうえで大切な、４つの要素を挙げました。

皆さんも大切な人とのつながりの質を高めてみませんか？

それが自分のレジリエンスを高める助けとなるはずです。

Part 4

自信を立て直す

そう言ってもらえると自信がつくよ
ありがとう
ド
行っちゃいなよ！
彼氏のところへ！
ケーキちゃんも
自分が本当はどうしたいか考えてみたらどうかな？

Story 4
自信をもって働くために
優さんのメールから数日…
カタカタ
連絡のつかない彼を心配しつつも私はいつも通りに過ごしていました
ポーン
く戻る
大西 優
詳細
落ち着いたらでいいので連絡ちょうだい
心配かけてごめん
親父は意外と元気だったけど、
まだ退院するのに時間がかかるそうだ
この機会に実家に帰って家業を
継ぐことに決めたよ
は?
なんで勝手に決めてるのよ!

ガッガッガッ
彼氏なんだから連絡すべきでしょ！
ワン
ワン
ケーキちゃん
ケーキちゃん
トン
トン
カタカタカタッ
カタタッ
カタカタカタカタカタターン!
勝手なことして！まず、彼女に相談でしょ！
ワン
ワン
ワン
あ
先輩…
ちょっと
はっ
クイッ
はい
何かあったの？
あ
ありがとうございます…

そうか…
それは大変だったね
はい…
実は…
彼、落ち込んでると思うんです……
ぐ…
だけど どうしたら彼の助けになれるかわからなくて…
突然のことだったから混乱しているんだろう
彼氏とは直接話せたのかい？
ゆっくり電話をする余裕もないみたいで…

彼氏の実家の場所はわかる？
？
はぁ…一応
仕事にも慣れてきたみたいだし
ここらで数日休みをとってさ
行っちゃいなよ！
ド
彼氏のところへ！
え…
そして
じっくり話し合うんだ
ケーキちゃんも
自分が本当はどうしたいか考えてみたらどうかな？

ゴォォォォォ
高松 533 O
15
明日の朝の飛行機で
そっちに行くから
えっ
空港まで迎えに
行くから時間教えて
高松空港に10:50に
到着予定
高松空港
玲紗ちゃん!

ハアッ
ハアッ
れ、玲紗…ちゃん…
優さん…
優の実家「おおにしうどん」
手打ち おおにしうどん
はい
冷やお待ち！
おおに
いただきます
落ち込んでいるかと思っていたけど…
ずずっ
元気そうで安心したわ

えっ！
何これ
おいしい！
これが本場の
さぬきうどん…!!
いらっしゃいませ！
冷や3つ
ですね！
うどん
釜玉おまたせ
しました！
優さん
これまで
見たことのない
顔してる…！
ありがとう
ございました！
うどん

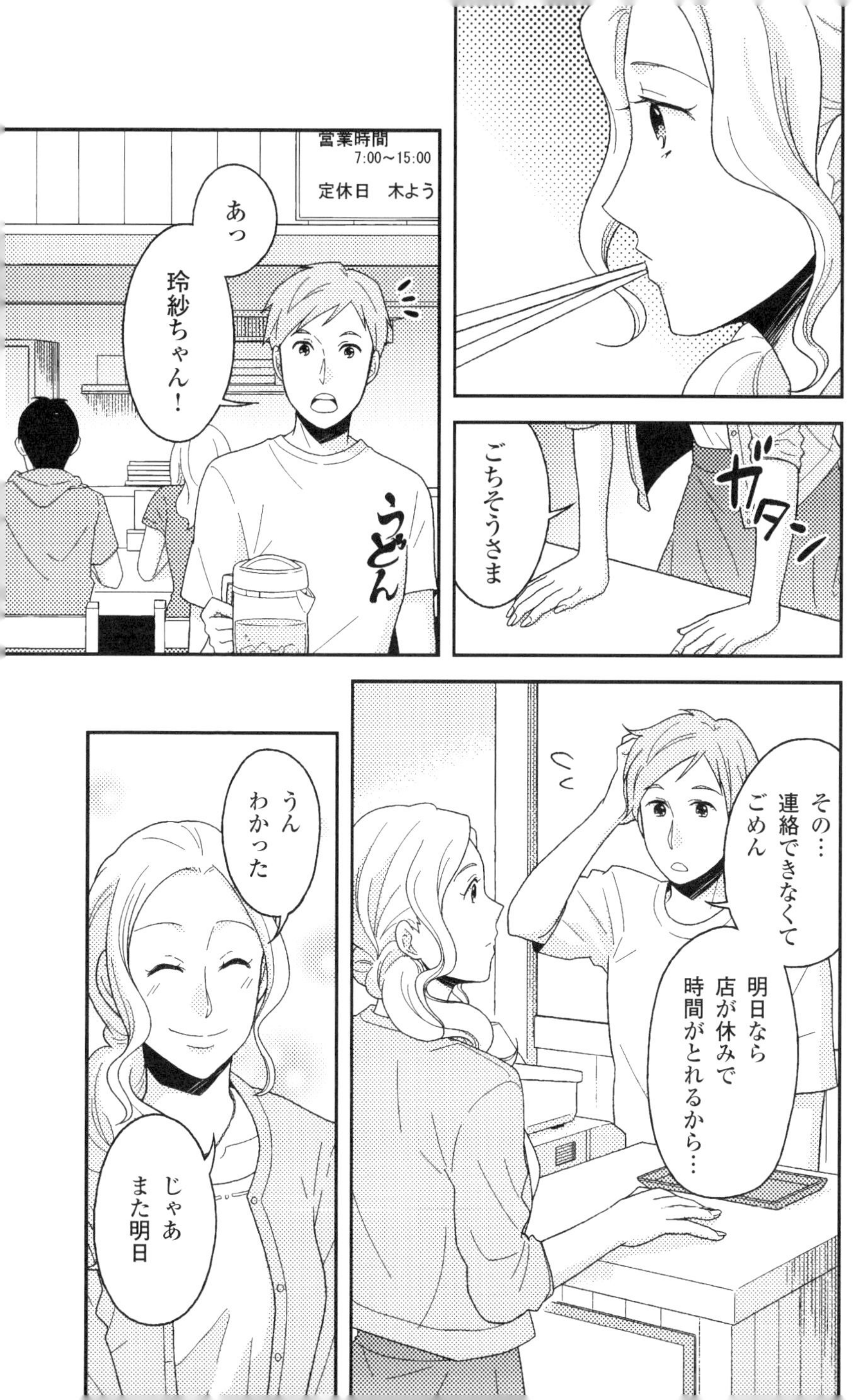
ごちそうさま
ガタン
営業時間
7:00〜15:00
定休日　木よう
あっ　玲紗ちゃん！
その…
連絡できなくて
ごめん
明日なら
店が休みで
時間がとれるから…
うん
わかった
じゃあ
また明日

彼は本当に
やりたいことが
見つかったんだろうな
東京で仕事を
していた頃と比べて
とても生き生きと
している
羨ましく
感じるほど…
優さんと比べて
今の自分は
どうなんだろう?
HOTEL TAKA

じゃあ
私がやりたいことって
何なのかな？
HOTEL TAKAMATSU
翌日――
優さんは
高松市内を
案内して
くれました
栗林公園
昨日
お店で働いている
優さん
かっこ良かったよ

そ、そう?
…実は親父みたいなうどん職人に憧れてたんだ
でもこの世界は厳しいからお前には無理だって言われて
一度は諦めて就職したんだけど…
やっぱりうどんが好きだって思ったよ
そうね…
本当に好きなことをするのが一番だと思うわ
そ、そうかな…

そう言って もらえると 自信がつくよ
ありがとう
…私もね
自分の 仕事が好き
今の会社 すごく楽しいの
優さんのことは好きよ
ずっと一緒に いたいとも思ってる
でも… 私のやりたいことは 東京にあるの
…ここじゃ ないの…
…うん
そうだね

玲紗ちゃんは東京でばりばり仕事をするのが合ってるって
でも、僕はそうじゃないから……
一緒に来てくれって言えなかった
優さん…
玲紗ちゃんが好きだから
君の人生を邪魔したくなかったんだ
そういうことももっと早くちゃんと話してほしかったな…

高松空港
じゃあ…
元気で
優さんも

01 なぜ自信がもてないのか

⇩自信に欠けて一歩踏み出せない人たち

自分に自信がもてない人が増えています。

様々な職場で、若手社員を中心に、仕事を任されても「無理です」と言って断る人が目立つという話を聞きます。できるかどうかはチャレンジしてみないとわからないのですが、自信がもてず、失敗を恐れて、挑戦することができないのです。

そのような新人の面倒を見るマネージャーも、自信がもてません。過去の自分たちとは態度も考え方も違う世代の社員の扱いに困り、心が疲れてしまっているのです。

それだけではありません。女性活躍推進の施策の下で、ワンランク上の責任者に抜擢された人の中にも、リーダーとしての自信がもてず、誰にも相談できずに悩んでいる人もいますし、私も相談を受けたことがあります。

キャリアに自信がもてないミドル社員も増えています。キャリアの曲がり角である40～45歳を過ぎると、社内における自分の評価が定まってきます。これ以上同じ仕事を続けても将来の見通しが開けないことに気づく人もいます。しかし、リスクを恐れて転職などの新たな一歩を踏み出すことができず、現状に留まっているうちに、「転職適齢期」が過ぎてしまい、将来の見通しが塞がってしまうのです。

そして、リーダー層も自信がもてません。変化が常態化した現代では、過去の経験則を活かすことができないからです。先行きが不透明な状況での意思決定は楽ではありません。何も決められずにズルズルと引き延ばしてしまうというのも、自信のなさの表れかもしれません。

⇩自信がもてないとどうなるのか

このように自信に欠けると、仕事もキャリアも前に進まず、心理的にも沈滞・停滞状態に陥ります。それは心の健康にとってもリスクとなり、逆境に直面すると心が折れやすくなってしまいます。

レジリエンスが弱くなっている人ほど、自分に自信がもてず、好機がやってきても、失敗することを恐れ、保守的に「現状維持」を選択してしまいます。人生がもたらしたチャンスに後ろ向きになってしまうのです。それでは、仕事での成功を得ることはできませんし、自分自身を高めていくこともできないでしょう。

⇩自信を失う原因とは

なぜ、これほどまでに自信のない人が多いのでしょうか。そもそも、なぜ自信がなくなってしまうのでしょうか。

自信喪失の背景には、**「ネガティブ感情」**があります。

手の平に汗がにじみ、胸がドキドキするとき、私たちの内面にネガティブな感情が生まれています。その感情が私たちの足を引っ張り、勇気ある一歩を踏み出せなくするのです。

自信を喪失させる主なネガティブ感情は、次の4つです。こうしたネガティブ感情をコントロールし、自信の源となる心理状態をつくっていきましょう。

・「不安」

将来起こる出来事の否定的な予測や先行きの不明瞭さなどにより生まれる心配や懸念、つまり「ネガティブな未来予測」をしているときに発生する感情。

自信の障害となる代表的なネガティブ感情

不安	・ネガティブな未来予測が原因 ・先行きの不透明さによる心配 ・行動を回避させる
恐れ	・自分の手に負えない脅威がきっかけ ・失敗することの恐れも含まれる ・心血管の病気のリスクを高める
憂鬱感	・大切な何かが失われる予想が原因 ・自己肯定感を低下させる ・引きこもりの行動を促す
無力感	・自己決定感の欠如が原因 ・自分では何も変えられないと考える ・行動する気力が減退してしまう

・「恐れ」

「自分の手には負えない」と思うような新たな脅威がきっかけとなり生まれる感情。「失敗することの恐れ」も含まれる。

・「憂鬱感」

「自分は、会社にとって役に立たないのではないか」という自己否定的な考えが、憂鬱感を生み出す。自己肯定感を失い、気持ちが下向きになる。

・「無力感」

自分ではコントロールできない問題に直面し、「将来も何も変えられないだろう」という予測をもつことで生まれる感情。表情が乏しく、目に力がなく、アパシー（無感動）の状態になりがちな社員によく見られる。

02 自信を高める心理的資源

自己効力感が高まると自信がつく

自信に関するノウハウ本や自己啓発書はたくさんあります。

しかしながら、それらにおける「自信」という概念は曖昧で、定義は人によって異なります。

心理学においては、自信に関連して「自己効力感」の研究が有名です。自己効力感を向上させるための実践的な手法も確立されています。

つまり、**自信を高めるには、まずは自己効力感を高めるのが近道**なのです。

自己効力感とは何か

自己効力感は、1977年に米・スタンフォード大学心理学部のアルバート・バンデュラ教授により提唱されました。**「価値ある目標に向かって業務を遂行することができると自己を信じること」**と定義されます。

これをひと言でいえば、「自分ならやればできる！」という強い信念であり、難しい課題に直面したときに、自分なら期待どおりの結果を出すことができる、という自信のことです。

自分ならばできるはずだ、という気持ちは、積極的な行動を促します。ですから、自己効力感の高さが人生や仕事での成功にとって大切なものであることは、言うまでもないでしょう。

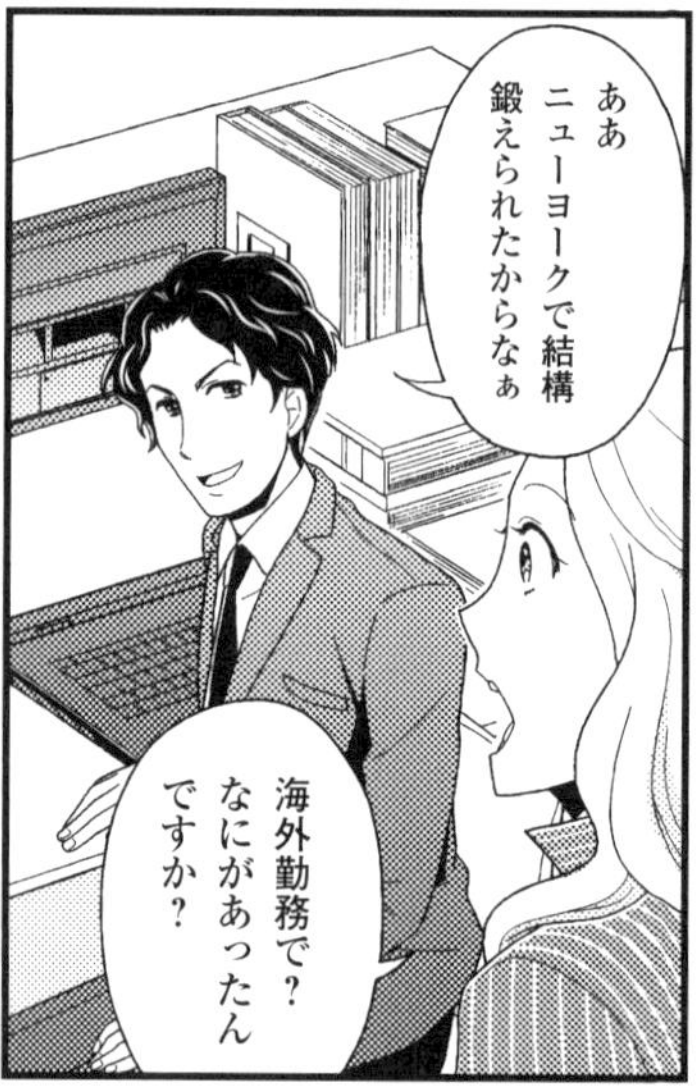
海外勤務で？
なにがあったんですか？
ああ
ニューヨークで結構
鍛えられたからなぁ
海外勤務という逆境を乗り越えた経験が、自己効力感を高め、レジリエンスを強くした

⇩自己効力感とレジリエンス

自己効力感の高い人には、次のような特徴があります。

- **仕事における遂行能力が高い**
- **ストレスの多い状況でも実力を発揮できる**

・体の健康を維持する
・人間関係を良好に保つ
・学業やスポーツでも高い成績を収めることができる

自己効力感のある人は、レジリエンスが高い傾向があります。ストレス耐性があり、困難に強く、逆境を乗り越えるタフな精神を有しているのです。

さらには、自己効力感が高い人が集まると、**「組織効力感」**が生まれます。その結果、「自分たちなら達成できる！」という高いモチベーションをもった集団となるのは当然ですし、ビジネスでもスポーツでも、効力感の高いチームは「勝ち組」になりやすいのです。

03

自信の基盤をつくる
～自己効力感の高め方～

⇩自己効力感を高める4つの要素

では、自信の基盤となる自己効力感は、どうすれば高められるのでしょうか？

アルバート・バンデュラ博士は、主に4つの要素があると考えています。

1. **「直接的達成経験」**
2. **「代理的経験」**
3. **「言語的説得」**
4. **「生理的・情動的喚起」**

この中で、最も効果が高いのは、「直接的達成体験」です。つまり、**自分でチャレンジをして達成と成功の体験を積み重ねる**ことが、自己効力感を高めるうえで、大きな効果があるです。

しかし、うまくいかない場合は失敗体験となり、自信を失ってしまう原因となりかねません。

そこで、直接的な体験のみに頼らずに、ほかの3つの要素を組み合わせることにより、着実に自信を高めることができるのです。

以下では、この4つの要素を軸に、自己効力感を高める様々なアプローチ、考え方を見ていきましょう。

達成体験を自己効力感につなげるために必要なこと

前述のとおり、「直接的達成経験」とは、実体験のことです。

自分が定めた目標を達成した経験は、次の課題が難しいものであっても「自分ならできる」という見通しを強化します。特に、**忍耐強さを発揮して逆境を**

自己効力感を高める4つの要素

直接的達成経験	代理的経験
言語的説得	生理的・情動的喚起

（中央：自己効力感）

（参考：Bandura, 1997）

乗り越えた経験は、より強い自己効力感として定着します。

ただし、むやみに経験を積めばいいというものではありません。大事なポイントは、**自分の体験を「どう捉えるか」**にあります。自信のある人とない人では、実体験の捉え方が異なるからです。

たとえば、物事がうまくいったとき、「自分の努力が功を奏した」と解釈できる人は、「次もやれるぞ！」と自己効力感をさらに高めることができます。

ところが、目標を達成しても「たまたま運に恵まれていたから」、「環境が良かったから」、「自分ではなく、仲間の力でうまくいった」と考える傾向にある人は、自己効力感がなかなか高まりません。うまくいった理由を「外的」に捉えるからです。

こうした謙虚さは、私たち日本人にとっての美徳です。しかし、それが過剰になると、偏った見方になってしまうこともあります。実際は、入念に準備をして努力を重ね、粘り強く取り組んだ結果得られたものなのに、自分はその成功に貢献していないと考えるのは、現実的な物の見方ではないからです。

「自分ひとりの力で成功できた」と自己中心的な考えをもつことは問題ですが、**自分の能力を過小評価することも、自信を形成するうえでは障壁となる**のです。

失敗をどう捉えるか

失敗体験についても、それをどう捉えるかが自信をつくるうえで重要となります。

何か失敗をしたとき、「問題はこれからも続く」と拡大解釈をすると、ますます自信を失ってしまいます。

これは、自己効力感の低い人の捉え方の特徴です。

一方、自己効力感の高い人は、思い通りにいかないことがあっても、すぐにそれを失敗とは結論づけません。「まだ解決策が思いつけていないだけだ」、「最後にはこの問題を切り抜けられる」と考えることで、その出来事を失敗体験と捉えないのです。そうして考え、取り組み続ける結果、達成することもあるでしょう。

つまり、自分の能力を信じられる人は、失敗と思われる体験をしても、自己効力感が下がることはありません。

一方、自分の能力を信じられない人は、成功しても自己効力感が高まらず、失敗するごとに自己効力感を下げてしまうのですから、体験をどう捉えるかがいかに重要かがおわかりいただけるでしょうか。

⇩小さな成功体験を積み重ねる

自己効力感を高めるのに、効果的なアプローチがあります。

それは、**大きな成功を狙うのではなく、小さな成功体験を積み重ねる**ことです。

あまりにも高いゴールを設定すると、到達できずに失敗体験となり、自信を失ってしまいます。

ビジネスの世界では「ストレッチゴール」といって、自分の実力を上回る目標を目指すことが勧められています。しかし、自信が低い人にとって、それはリスクの高いやり方だと私は考えます。

それよりも、まずは**段階的にゴールを設定し、ひとつずつ達成する**アプローチのほうが、安全かつ着実に自己効力感を高められるでしょう。

私自身のエピソードを紹介します。

社会人になりたての頃に、早急に自信をつける必要があったのが「ビジネス英語」でした。社内では英語が公用語ですから、英語力なしでは仕事になりませんでした。短期間で英語力を高めなくてはならなかったのです。

英語力は、多くのビジネスパーソンにとって必須のスキルとなりつつあります。しかし、英会話学校に通っても、なかなか英語が上達しない人もいるでしょう。その原因は、英単語の暗記量やスキルにあるのではなく、心理的なところにあると考えています。多くの人は、英語を使ったコミュニケーションについての自己効力感が低いため、自分は英語が苦手だと思い込んでいるのです。

私の場合、入社してからすぐにアメリカに渡り、あるコンサルティング会社で4ヶ月のビジネス英語研修に参加する機会が与えられました。振り返ると、そこでは、英語力についての自己効力感をアップさせるしくみが取り入れられていました。

まず、すぐに外国人と流暢な会話ができるようになることを狙うのではなく、ステップ・バイ・ステップでビジネス英語に必要な能力を訓練するアプローチがとられていました。ビジネス英語に必要な10の項目を段階的に向上させるために、毎週、目標を設定し、週の終わりに担当講師と進捗状況を確認し、次の1週間の詳細な行動計画を立てるという地道な作業が続けられました。

また、座学よりも、講師やその土地に住む人たちとコミュニケーションを頻繁に行い、「場数」を増やすことが優先されていました。

こうした小さな成功体験を段階的に積み重ねることで、自信が高まりました。それが、短期間で英語力がグンと伸びた理由と言えるでしょう。

⇩お手本が自信を高める

また、**「代理的経験」**、つまり「お手本」を見つけ、見よう見まねで学ぶことも自己効力感を高めます。

自分で経験したことではなくても、**ほかの人の行動を観察することで「自分にもできる」という信念を生み出す**ことができます。これを**「観察学習」**といいます。

脳科学の研究でも、お手本の重要性が確認されています。

私たちの脳内には、**自分が目にした行為をあたかも自身のものであるかのように「共鳴する」**運動神経細胞があります。これを**「ミラーニューロン」**といいます。

実際に自分で行動しなくても、他人の立場に自分を置き、まるで自分がそれをしているかのようにその行動を体験できるのです。

さらに、**感情移入することで、より深い学習が可能になる**といいます。

自己効力感を高めるために、まずは自分自身で体験してみましょう。

それと同時に、自分が実現したいと考える目標をすでに達成した人や、自分が習得したいスキルをもっている「お手本」を見つけます。

ポイントは、年齢や立場が自分に近い人をお手本とすること。そのほうが「自分でもできる」と信じることが容易になるからです。お手本としての効果が増すのです。

自分とはかけ離れた第一人者やプロをお手本とすると、「ダメだ、あの人のようにはなれない」と諦めてしまうことがあります。尊敬の対象としてはいいのですが、自信を高めるためのお手本として適切ではありません。

私のビジネス英語の集中特訓を振り返ると、共に英語を学んだ7人の同期の存在が自分にとってのお手本となりました。スタート地点では、7人とも英語に自信がない状態でしたが、習得するスピードには個人差があります。同期の仲間が自信をもってネイティブスピーカーと対話をしている姿を見ると、「自分でも同じように話せるはずだ」という根拠なき自信が湧いてきたものでした。

そういう意味でも、切磋琢磨する仲間がいると、より早く自己効力感が増すというメリットが得られます。

「遠くまで歩きたいならば、誰かと一緒に歩みなさい」という言葉がありますが、高い目標を目指すなら、ひとりよりもチームで行うほうが達成しやすくなるでしょう。

⇩励まされることが自信の源となる

「言語的説得」、つまり**「励まし」**も自己効力感を高めます。

これは、人から自分に能力があると指摘され、「君ならできる」とくり返し励まされることです。自分を叱咤激励してくれる人がいると、自信向上が早まるのです。

私の場合、ビジネス英語の自信をつける過程で欠かせなかったのは、自分の担当だったダグという名前のアメリカ人講師でした。彼は、物静かな紳士でしたが、相手の「強み」を見つけ、教える名人だったのです。

ダグとは週に一度、面談を行うことが習慣となっていました。後になって気づいたことですが、週に一度の面談は、自分ができるようになったこと、学んだこと、上達したことを認められ、励まされるための時間だったのです。「君は英語のリスニングの上達に実に熱心だね」「君の忍耐力には感心するよ」ときっちりと褒めてくれました。その言葉が、自分では当たり前だと感じて、それほど重視していなかった「熱意」と「忍耐力」という強みを改めて気づかせてくれたのです。

人は自分の強みを認識し、それを活かすことで、**自己肯定感**が改善されます。

自己肯定感とは、自己効力感と並ぶ自信の源として、心理学で長年研究されているテーマです。自己肯定感をもつ人は、自分に価値を感じ、失敗をしても過剰に自己否定しないという特徴をもちます。

つまり、**強みを認められることで、新たな自信がつくり出される**のです。

人を褒めて励ます際に、大切なポイントがあります。それは、結果重視のコミュニケーションよりも、**プロセス重視**の褒め言葉のほうが**「成長志向のマインドセット」**がつくられるということです。

英語講師のダグも、私の英語学習への取組みや、課外学習として地元のスポーツクラブで知り合った人とたくさん会話をした努力などを認める言葉を意識的に伝えていました。プロセスを褒められることで、「このやり方を続ければ、自分はもっと上達できる」と意欲が高まります。ますます努力を重ねるようになり、結果として英語力が強化されました。

⇩ポジティブなムードは自信を促す

心身の状態が良いことや前向きな気分は、自信を高めます。これを、**「生理的・情動的喚起」**といいます。

特に、ポジティブな感情や前向きなムードは、自己効力感を高める作用があります。自分が長い時間を過ごす職場が、ポジティブで前向きな雰囲気であれば、自信に溢れた組織になるでしょう。

私が経験した英語研修でも、週末に講師の自宅でパーティーが開かれていました。ときには、サンフランシスコ周辺の気候の良い土地の庭付きの家で、バーベキューを楽しむこともありました。そこで日常的な英会話を訓練したのです。

自分が安心し、幸せを感じるような場所では、自信が高まります。私自身、普段の教室よりも積極的に周りの人たちと対話することができました。

その場のムードが自分の心理にポジティブな影響を与えるのです。

⇩気持ちが前向きになれる「場」

物語における玲紗の彼氏は、仕事で自信がもてずにいることが悩みでした。玲紗の前でも、自信がない姿を見せては、イライラさせる場面がありましたね。

それが実家に帰った後は、人が変わったかのように自信を感じさせる態度を見せて、玲紗を驚かせました。

実家のうどん屋という職場が、彼に自信を与えてくれたのです。

自分が手打ちしたうどんを味わい、「おいしいね」と喜んでくれるお客さんを見て、働くことの楽しさや喜びを味わう経験をしたのでしょう。また、地元のお客さんに「優くんのうどんはうまいよ」などと言われた励ましの言葉も、自信を育んだに違いありません。

さらには、自分が幸せに感じ、心から満たされる職に出会えたことは、自信の形成においても、プラスの効果をもたらします。

このように、自信を取り戻すためには、**自分の気持ちが前向きになれる「場」を見つける**こと、さらには思い切って**場を変えてみる**ことも必要なのです。

⇩自己効力感が助けとなる

ここまで、自信を高める自己効力

気持ちが前向きになれる場に移ることが、自己効力感に好影響を与えることがある

感を育てる方法について説明しました。

自信は、障害を乗り越え、困難に打ち勝つときにこそ必要となります。

また、何かで失敗して、折れそうになった自信を立て直すときに決め手となるのが、自己効力感の有無です。

再起する力であるレジリエンスに必要な「心の筋肉」として、普段の仕事や生活で自己効力感を高めておくことをお勧めします。それがいざというときに自分を助けるメンタル力となるのです。

Part 5

自分の「強み」を仕事に活かす

Story 5
私の「強み」って何だろう?
おはようございます!
これお土産です
わー
あら
UDON COOKIE
どうしたの?お菓子?
先輩もどうぞ
お土産です
にこっ
ありがとう

そうそう
今社内で話題になっているブログがあってね
へー
どんなの？
都内のケーキバイキングについてのブログなんだけど
すごく記事が面白くてそれにケーキが美味しそうなの～！
ある時期から急に都内のホテルのケーキバイキングに外国のお客さんが増えて
不思議に思ったホテルの人がお客さんに聞いてみたら
このブログを見て来たって言うんですって

どんなブログだろう
私の知らない
お店が載ってるかな？
これこれ
どれどれ…
Guérison de gateau
ケーキバイキングを食べ歩いています☆

わっ！どうしたの？
…あ、あの…あの…それ…
そういえば須藤さん
ケーキバイキング巡りが趣味って言ってたわよね…
…ケーキちゃん…まさか…
かあ〜〜〜っっ
はい…
私のブログです…

アクセス履歴
JP
UK
KO
TA
UK
UE
US
JP
…確かにここ数ヶ月で海外からのアクセスが伸びています
ブログ名で検索すると記事がたくさんヒットするね
…気がつかなかった…
アクセス数なんて気にしたことなかったから
えっ本当ですか？
実際のお店が、ブログを読んだ時の印象と同じ！
ケーキの描写が詳細でお腹すいちゃった
文と写真がうまい！ ホテルの空間ごと伝えている
このブログを読んだらケーキを食べずにはいられなくなる！
日本に旅行する動機の一番目だ
お店までのアクセスの説明がわかりやすい

ケーキちゃん
これは
チャンスだよ！
えっ？
そうっ！
このブログを
なんとか形に
できないかな？
形っていうと…
本？
外国人の
アクセスが
多いから
ターゲットは
そこね
外国人も読める
スイーツガイドブックって
どうですか？
わっ
いいわね！
じゃあ
企画書よろしく
楽しみに
してるわ！
ぽんっ
えっ!?

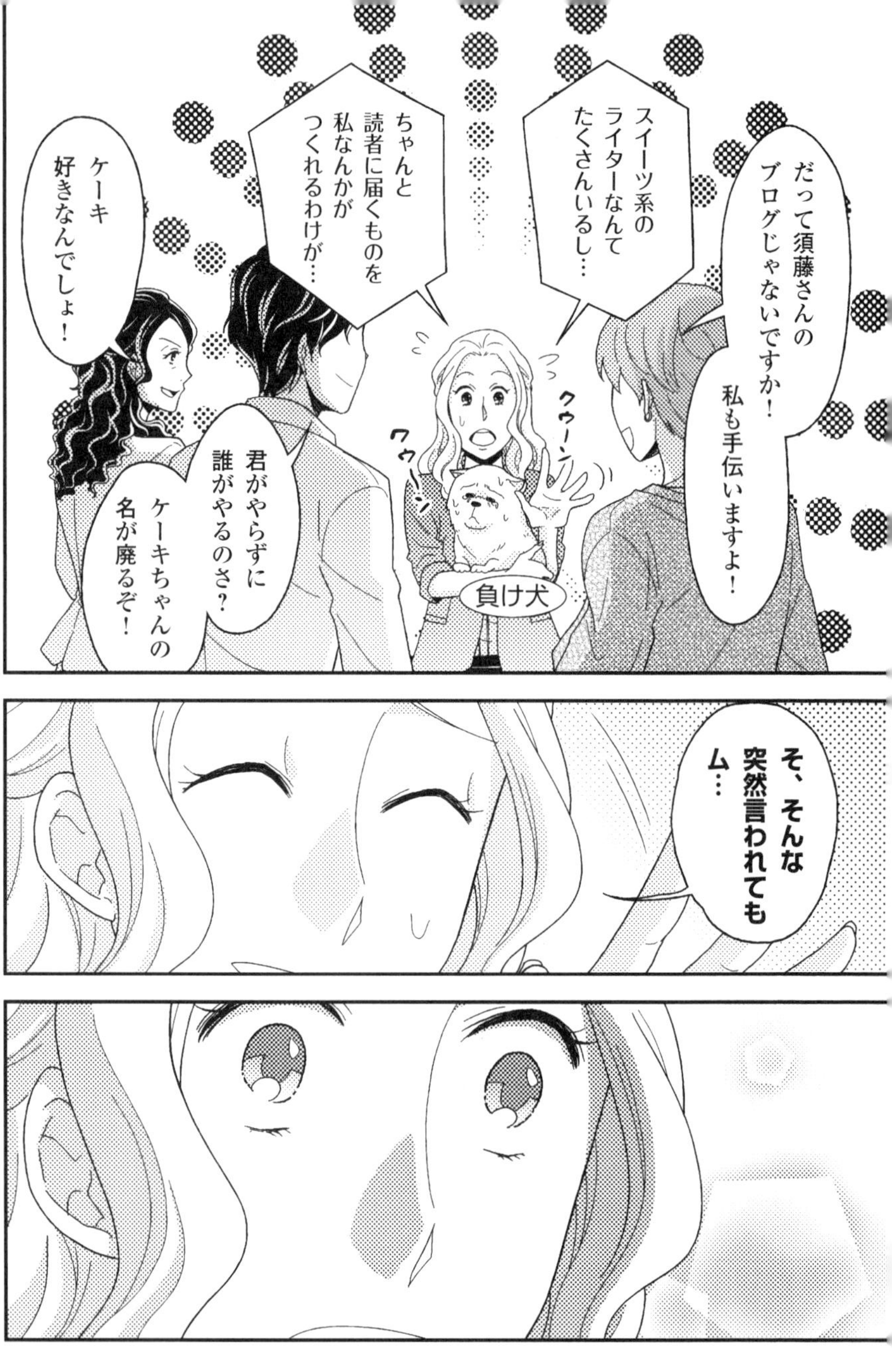
だって須藤さんのブログじゃないですか！
私も手伝いますよ！
スイーツ系のライターなんてたくさんいるし…
ちゃんと読者に届くものを私なんかがつくれるわけが…
ケーキ好きなんでしょ！
君がやらずに誰がやるのさ？
ケーキちゃんの名が廃るぞ！
クウーン
ワウー
負け犬
そ、そんな突然言われてもム…

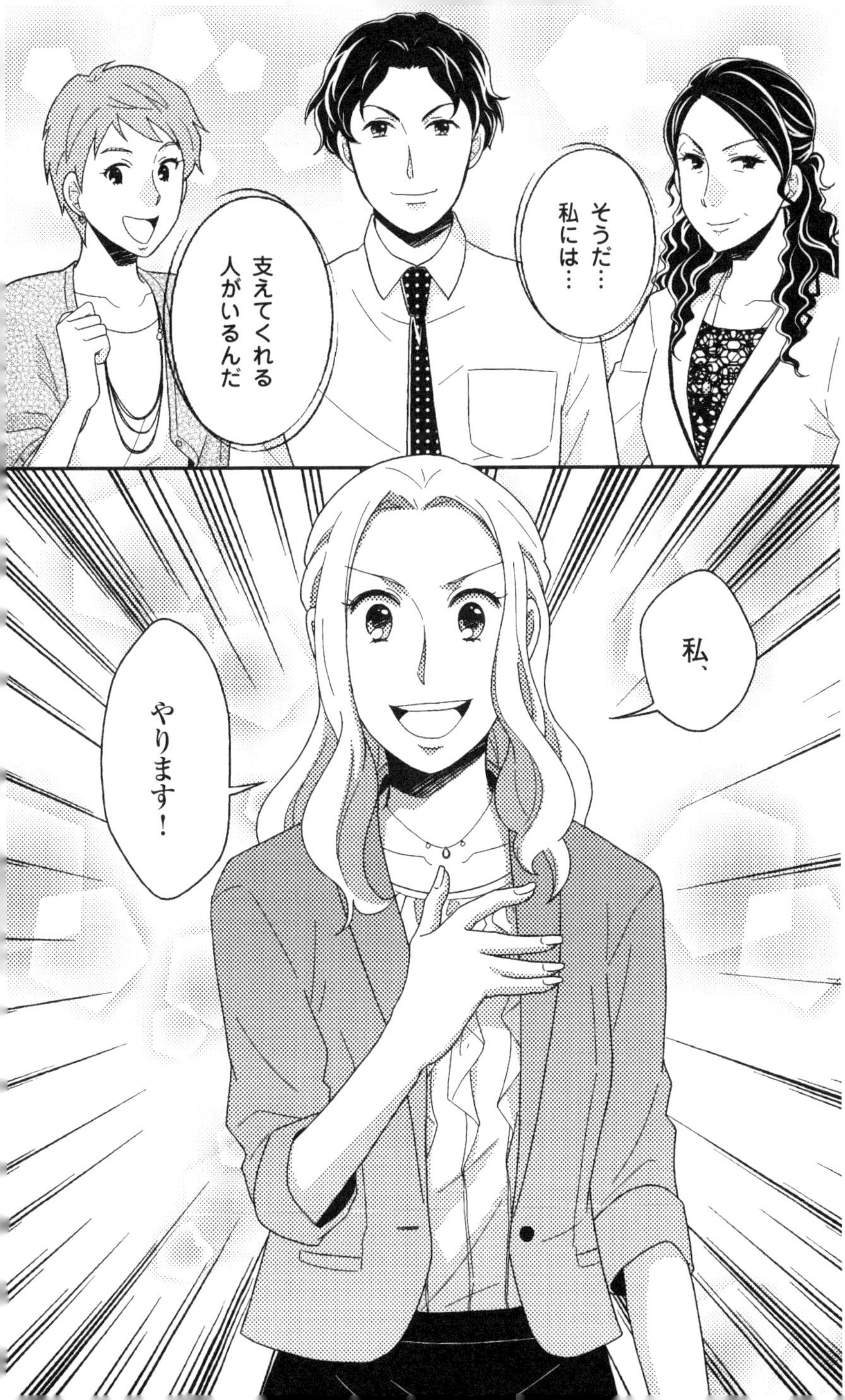
そうだ…
私には…
支えてくれる
人がいるんだ
私、
やります！

それから私は
無我夢中で働きました
お願いします！
バッ
こんな企画書では納得しないわよ！
もっとあなたのブログのエッセンスを入れなさい
パン
はいっ
都内だけじゃなくて全国のケーキバイキングを網羅しよう！
バーン
それは予算的に無理じゃない？
まずは都内限定にしなさい
ハーイ

取材
写真は空間ごと写すように…そうそう
須藤さんの顔も入れましょうよっ
この至福の表情絶対いいです！
一部の記事はライターさんに頼みましょうよー
全部書くのはスケジュール的に無理ですー
何言ってるの！
自分の足で取材するのが基本じゃない！
それももっともだけど
ゆくゆくは全国制覇を目指すんでしょう
仕事を外注することも覚えなさい
ハーイ…
今回は特別に私が行きます
……

RT 女子必見!あの人気スイーツ
ブログがガイドブックに!!
RT 女子必見!あの人気スイーツ
ブログがガイドブックに!!
RT 女子必見!あの人気スイーツ
ブログがガイドブックに!!
RT 女子必見!あの人気スイー
ブログがガイドブックに!!
そうして制作した外国人向けスイーツガイドブックは
告知が出るやいなやSNSなどで拡散され期待の声が多く寄せられました
たのしみ～♥
Sweets Guide
そして――
カタカタカタカタカタカタカタカタカ
カタ
カタッ
送信っ…と
送信完了
よし!
みんな!
入稿完了し…
くるっ

死《し》屍《し》累《るい》々《るい》ーー
た…
よ…
みんな…
ありがとう…
Shinjyuku
今月の
新刊
こうして無事発行された
スイーツガイドブックは
女性を中心に
国内外で大ヒットを
記録しました
Tokyo Sweets Guide
在庫切
「東京スイーツガイド」は
品切れ中

「強み」を活かしてレジリエンスを高める

01

⇩強みとは何か

仕事に「やりがい」や充実感を感じていますか？

いつもやる気と活気を感じながら仕事に取り組んでいますか？

自分の将来について、希望やワクワク感を抱いていますか？

これらに当てはまらない場合は、自分の「強み」を活かしていない可能性が高いと言えるでしょう。

仕事において、強みを活用することは大切です。自分の強みをフル活用できる仕事に就いている人は、自信があり、イキイキとエネルギーに満ちた状態で過ごし、自分らしさを発揮することができます。研究でも、**日常の仕事で自分の強みに集中する機会のある人は、仕事の意欲が6倍も高くなる傾向がある**ことがわかっています。

また、強みは仕事のストレスや困難に直面したときにも、重要な役割を果たします。強みを利用できる人は、ストレスがあり、難しい仕事でもやり抜くレジリエンスが高いことがわかっています。

⇩短所よりも強みを見よう

しかし、多くの人は自分の強みについて理解できていません。

自分の足りない点や短所についてはよくわかっているものですが、強みや長所については知らないか、それを当たり前と感じて、強みであると認識していないのです。

その結果、自分の強みをフル活用できる仕事を選ぶこともできませんし、仕事で強みを活かし切ることもできずにいるのです。

たしかに、自分の弱点は気になるものです。

失敗やミスを防ぐためにも、足りないところをなんとかしようとするのは、当然の姿勢と言えるでしょう。ですが、それだけでは優れた結果を残すことはできません。

期待を上回る成果や成功を生むのは、自分の強みを活かしたときだからです。

⇩強みを知るための3つの方法

では、どうすれば自分の強みを知ることができるのでしょうか。ここでは、主に3つの方法を紹介します。

1. 自分自身に質問をする
2. 周りの人に聞く
3. 強みの診断ツールを使う

まずは、次の質問を自分に投げかけることです。

「私が得意なことは何か？」
「私を活気づけてくれるのは何をしているときか？」
「自分がワクワクするのはどんなときか？」

その答えに関連づいたことが、自分の強みなのです。

次が、自分の周りの人に聞くことです。
自分が仕事で好調なとき、実力を思う存分発揮しているとき、期待を上回る結果を出しているとき、どんな特徴や傾向があり、どんな強みを活かしているかを聞いてみるのです。

私たちは、自分の強みに対して盲目です。それを当たり前のものだと感じているからです。

ですが、たとえ自分では気づいていない強みでも、他人の目を通すことで理解することができるのです。

そして最後が、診断ツールを利用することです。

私がお勧めしたいのは、アメリカのＶＩＡ研究所が提供する無料診断ツールです。オンラインの質問票に答えると、24種類に分類された「人格としての強み」が順位付けに並んだレポートが表示されます。そのうち、上位５つが自分を特徴づける強みなのです。

無料診断ツールを利用したい方は、こちらのＷｅｂページの説明を参照してください。

http://www.positivepsych.jp/via.html

これらの方法を組み合わせて、自分の強みを見出したら、次はその強みを仕事で活用する方法を考えましょう。強みが新しい用途で使われるとき、私たちは幸福感を味わうのです。

VIA 6つの美徳と24の人格の強み

知恵
・創造性
・好奇心
・向学心
・判断
・大局観

勇気
・誠実さ
・勇敢さ
・忍耐力
・熱意

人間性
・親切心
・愛情
・社会的知能

正義
・公平さ
・リーダーシップ
・チームワーク

節制
・寛容さ・慈悲深さ
・慎み深さ・謙虚さ
・思慮深さ
・自己調整

超越性
・審美眼
・感謝
・希望
・ユーモア
・スピリチュアリティ

出典:Peterson, C., & Seligman, M. E. P. (2004). Character strengths and virtues: A handbook and classification. New York: Oxford University Press and Washington, DC: American Psychological Association. www.viacharacter.org

やりがいのある仕事とは何か

02

働く意義とレジリエンス

強みを自分のためだけでなく、周りの人や家族、地域や社会のために活かすことができると、「やりがい」を感じることができます。意義をもって仕事をしている人は、高いレジリエンスをもっています。**高い目的意識をもつことで、困難や苦境にあっても乗り越えていける力が湧いてくる**のです。

ところが、電通総研が２０１５年に18～29歳の男女を対象に行った調査（「若者×働く」調査、電通総研）によると、仕事でやりがいをもっていない人が多く見られました。働く目的を「生きがいを得るため」と答えた人は約1割にすぎず、「できれば働きたくない」人が約３割に達したのです。

最も多かった回答が「安定した収入のため」（69％）で、仕事の選び方についても「できるだけ安定した会社で働きたい」（37％）が「できるだけお金を稼げる仕事・会社を選びたい」（24％）を上回りました。

心理学における「仕事観」の研究の観点から考えると、仕事観に偏りが見られることがわかります。

⇩3つの仕事観

仕事観、つまり人の仕事に対しての価値観は、3つのタイプに分類できます。

まずは、**「ジョブ」**です。これは、仕事を**「お金と生活のための労働」**と考えているタイプです。ただ、このタイプの人たちの生産性・モチベーション・仕事満足感は、高くはありませんでした。人生の満足の源泉を仕事以外の活動に求めがちです。

2つめが**「キャリア」**です。仕事とは収入を得るだけではなく、**昇進・昇給・名誉・権力を獲得する手段**だと考えている点に特徴があります。そのため、仕事に熱心です。

そして最後が**「コーリング」**です。元々、この言葉には、「天から与えられた役目」という宗教的意味がありました。それが心理学で**「本人の仕事に意味と意義を感じている志向性」**と定義されるようになったのです。

この仕事観をもつ人は、仕事と人生に対して前向きで、高い満足を感じています。引退することも考えずに、健康であれば今の仕事を続けたいと望みます。

3種類の仕事観

ジョブ	・仕事は経済的報酬と義務のため ・外的な動機付け ・仕事以外に人生の充足を求める
キャリア	・仕事はより高い地位と責任を得るため ・外的な動機付け ・結果を達成した後の幸福度は長続きしない
コーリング	・仕事は充実と社会的意義のため ・内的な動機付け ・幸福度、仕事の満足度が高い

（出典：Wrzesniewski, 1997）

幸福度が高く、やりがいを感じているのも、このタイプです。

⇩まずは強みを活かすことから始めよう

「ジョブ」タイプと「キャリア」タイプ、そして「コーリング」タイプには、大きな違いがあります。前のふたつのタイプは、自分の仕事の報酬を外的なもの、つまり会社から与えられるお金や上司からの褒め言葉、そして昇進・昇給・賞賛などにおいています。

一方、「コーリング」タイプは、「内発的な動機」をもっています。**自分の内面で感じる「意義」を仕事のモチベーションとしている**のです。

また、「コーリング」タイプは、そこにたどり着くまでの「プロセス」にも充実を感じています。仕事そのものに没頭することが目的で、結果は二の次なのです。

「コーリング」の仕事観をもつ人は、仕事や人生の満足度が高く、心身ともに健康で、私的にも公的にも成功しやすいことがわかっています。

さらに、目的意識をもって仕事に臨むことは、レジリエンスの向上を助けるというのは前述の通りです。

大事なことは、**やらされ感をもって仕事をするのではなく、主体的にやりがいをもてる仕事をする**ことです。

心理学でも、人は**「自分で選んだことをやりたい」**、**「能力を発揮したい」**、**「人々とつながりたい」**という3つの基本要求が満たされているとき、動機づけられ、生産的になり、幸福を感じることがわかっています。

物語では、玲紗の彼はやりがいのある仕事を見つけました。玲紗も自分の趣味を本格的に発展させ、仕事にまい進しています。

私は、玲紗は、「好奇心」と「熱意」が強みだと感じます。その強みを活かした趣味が、ケーキバイキング巡りのブログでした。そして、書籍化というチャンスをきっかけに、ほかの人の役に立ちたいという目的意識が生まれ、仕事に対して大きなやりがいを感じられるようになったのです。

まずは、自分の強みを仕事で活かしてみましょう。

それがレジリエンスを高めるだけでなく、幸せで充足した人生への近道となるのです。

Epilogue
あれから2年…
スイーツガイドブックの成功から2年——
今月の新刊
Shinjyuku
Tokyo Sweets Guide
在庫切
ガイドは品切れ中
あれから私たちはスイーツガイドブックの関西版、九州版を制作しこれもヒット
Kansai Sweets Guide
Osaka
Kyoto
Kyushu Sweets Guide
Fukuoka
Kumamoto
Kagoshima
これが影響したのか海外からの観光客も増えたみたいです
現在はさらに北陸版、東北版、北海道版、沖縄版を企画中！
充実した毎日を送っています

長谷川先輩は
大きなプロジェクトを次々とこなし
出世していっています
忙しいのに
よく私の相談に
乗ってくれて
本当にありがたい存在です

優さんとは今では良い友人としてたまにメールのやりとりをしています
おおにしうどん
実家のお店は昨今の讃岐うどんブームで大繁盛
従業員を増やすことにしたそうです
これを機に優さんは本格的にうどん職人を目指すべく別のお店の大将に弟子入りすることにしたそうです
小麦粉
一人前のうどん職人になれるよう私も遠くから応援しています

思えば――
先輩に本当の心の強さを
教えてもらったときから
私の人生は好転した
気がします
須藤さん
ケーキちゃん
玲紗さん！
そして
きっと
これからも
はい
今行きます！
大切な人たちと
いっしょなら！

おわりに

本書を読んでいただいて、ありがとうございました。
この本で皆さんに伝えたいことは次の3つでした。

1．レジリエンスを身につければ、気持ちが落ち込み続けることがなくなること
2．すぐに立ち直る自信がつけば、失敗することを恐れなくなること
3．その結果、本当にやりたいことに挑戦し、仕事と人生の充実が得られること

本書の内容が、皆さんの人生やキャリアの節目で、大事な一歩を踏み出す助けとなれば幸いです。

この本はシナリオを作成していただいた松尾陽子さん、わかりやすいマンガを作成していただいた朝戸ころもさん、マンガの制作のディレクションをご担当いただいたトレンド・プロの福田静香さん、日本能率協会マネジメントセンター出版事業部の柏

原里美さんのご協力により創られました。

チームの皆さんに深く感謝いたします。

また、私と共にレジリエンスを教える認定講師の方々、恩師のイローナ・ボニウェル博士、そして私を支えてくれる家族にも感謝を伝えたいと思います。

２０１５年10月

ポジティブサイコロジースクール代表
久世　浩司

参考資料・参考文献

・平成24年労働者健康状況調査（厚生労働省）

・『心的外傷後成長ハンドブック』宅 香菜子著（医学書院）

・『SPARK Resilience Training』Ilona Boniwell & Lucy Ryan（Positran）

・『世界のエリートがIQ・学歴よりも重視！「レジリエンス」の鍛え方』久世 浩司著（実業之日本社）

・『「見どころのある部下」支援法』谷口智彦著（プレジデント社）

・『ポジティブ心理学が1冊でわかる本』イローナ・ボニウェル著、成瀬まゆみ監訳、永島沙友里他訳（国書刊行会）

・Baumeister, R. F., Bratslavsky, E., Finkenauer, C., & Vohs, K. D.（2001）. Bad is stronger than good. Review of general psychology, 5(4)，323.

・『脳科学は人格を変えられるか？』エレーヌ・フォックス著、森内 薫訳（文藝春秋）

・『Emotional Vampires: Dealing with People Who Drain You Dry』Albert Bernstein（McGraw-Hill）

・『Practicing Positive Leadership』Kim Cameron(Berrett-Koehler Publisher)
・『マインドフルネスストレス低減法』ジョン・カバットジン著、春木豊訳（北大路書房）
・『How to Be a Positive Leader: Small Actions, Big Impact』Jane Dutton（Berrett-Koehler Publisher）
・『いい会社をつくりましょう』塚越寛著（文屋）
・『激動社会の中の自己効力』アルバート バンデューラ著、本明 寛、野口京子監訳、本明寛他訳（金子書房）
・『Self-efficacy: The exercise of control』Albert Bandura（Worth Publishers）
・Peterson, C., & Seligman, M. E. P.（2004）. Character strengths and virtues: A handbook and classification. New York: Oxford University Press and Washington, DC: American Psychological Association. www.viacharacter.org
・「マーティン・セリグマンのポジティブ心理学」（TED Talk）
・「若者×働く」調査（電通総研）
・Wrzesniewski, A., McCauley, C., Rozin, P., & Schwartz, B.（1997）. Jobs, careers, and callings: People's relations to their work. Journal of research in personality, 31（1）, 21-33.

【著者プロフィール】

久世 浩司（くぜ　こうじ）

ポジティブサイコロジースクール代表

慶應義塾大学卒業後、外資系企業に入社。在職中に「レジリエンス」について学び、認定レジリエンス・マスタートレーナー資格を取得。その後、社会人向けスクールを設立し、レジリエンスを活用した企業人材と講師の育成に従事。企業向けの「レジリエンス・トレーニング」は、NHK「クローズアップ現代」や関西テレビ「スーパーニュース」でも取り上げられた。主な著書に『世界のエリートがIQよりも重視！「レジリエンス」の鍛え方』（実業之日本社）、『なぜ一流の人はハードワークでも心が疲れないのか？』（SBクリエイティブ）、『リーダーのための「レジリエンス」入門』（PHP研究所）、『なぜ一流になる人は、「根拠なき自信」を持っているのか？』（ダイヤモンド社）などがある。本書は9作目の著作となる。

Web：www.positivepsych.jp

編集協力／トレンド・プロ
マンガ原作／松尾陽子
カバーイラスト・作画／朝戸ころも

マンガでやさしくわかるレジリエンス

2015年10月30日　初版第1刷発行
2021年6月20日　第13刷発行

著　者 —— 久世 浩司

発行者 —— 張 士洛
発行所 —— 日本能率協会マネジメントセンター
〒103-6009 東京都中央区日本橋2-7-1 東京日本橋タワー
TEL 03 (6362) 4339 (編集) ／ 03 (6362) 4558 (販売)
FAX 03 (3272) 8128 (編集) ／ 03 (3272) 8127 (販売)
https://www.jmam.co.jp/

装丁／本文デザイン——ホリウチミホ（ニクスインク）
印刷・製本——三松堂株式会社

ISBN 978-4-8207-1935-9 C2034
落丁・乱丁はおとりかえします。
PRINTED IN JAPAN